화폐 제국의 숨결

화폐 제국의 숨결

시·글 한은 이코노미스트 이정욱

삽화 화가 안성옥

도서출판 시대가치

글의 순서

들어가는 말

우리 현실 생활의 각종 경제적 거래를 위해 돌고 도는 돈의 매개체가 화폐이다. 요즈음 신용카드 등을 비롯한 많은 비현금결제수단이 널리 사용되면서 굳이 화폐가 아니더라도 돈의 역할을 하는 지급결제수단을 쉽게 접할 수 있다. 이런 사정으로 혹자들은 '현금화폐의 종말'을 이야기하기도 한다. 과연 그럴까? 적어도 현금화폐를 덜 쓰는 세상은 되겠지만 사람들끼리 살가운 정을 몸소 나누고 개인의 자유를 존중하는 사회가 우리 앞에 지속되길 바란다면 앞으로도 현금 화폐는 없어서는 안 될 우리 국가와 사회의 믿음직한 공공재가 될 것이다.

화폐는 비단 돈의 역할뿐만 아니라 그 나라 역사와 문화는 물론 우리 사회가 지향하는 참된 가치도 함축하고 있다. 그래서 화폐는 한 나라를 가장 잘 대표하는 최고의 상징이 되고 그 재료의 생산과 제작은 물론 도안 소재의 창조와 구성, 특수한 인쇄 기법 등을 망라하는 종합 예술품이라고도 한다. 설령 그러한 화폐가 사라진다 해도 그것이 함축한 역사·문화적 자존심과 예술적 향기는 아름다운 시어로 영원히 기록될 충분한 이유와 가치가 있는 것이다.

여기 '화폐 제국의 숨결'은 바로 우리나라를 비롯한 주요국 화폐에 담긴 역사·문화적 자존심과 예술적 향기를 시와 삽화의 형식을 통해 압축적으로 보여 준다. 아울러 그에 얽힌 사연들을 사실 등에 기초하여 이야기로도 풀어냄으로써 화폐의 멋과 올바른 삶의 가치를 곱씹어 보는 기회를 갖고자 한다. 즉 눈에 보이지 않고 쉽게 인지

할 수 없을 만큼 빠르게 진행되는 사회 변화와 각종 기술혁신 속에서도 서로를 배려하는 인간의 따뜻한 정과 더불어 사는 지혜는 우리 삶의 중요한 동력임을 화폐에 대한 미적 탐구를 통해 제시하려는 것이다.

또 화폐에 대한 시와 이야기에 더하여 독자들에게 드리는 <부록>의 선물로서 마련한 '무전(無錢)의 가을 그리고 인생의 동화 속으로'는 사계절 중 특히 채움에서 비움으로 가는 가을의 정취를 감상하며 돈 없이도 그리움과 우정을 나누었던 삶의 에피소드를 서로 공유토록 한다. 그래도 세상은 살아볼 만큼 아름답다는 메시지를 주고 싶기 때문이다.

필자가 한국은행에서 줄곧 통화금융은 물론 실물경제를 분석해온 이코노미스트로서 그리고 경제학을 좋아하는 경제학 박사로서 닦아온 경제적 논리는 일견 시적인 감수성과는 어울리지 않아 보인다. 하지만 다수의 합리적 사고에서 더 나아가 늘 국민 마음의 숨결과 함께 하는 공감은 오늘날 제반 경제정책의 중요한 성공 요인으로 인식되고 있다. 이러한 점에서 사물과 인간의 행태 등을 새롭게 이해하려는 시적인 영감과 감수성은 경제전문가들에게도 나날이 그 필요성이 더해가고 있다고 본다.

본 책이 나오기까지 한국은행의 박운섭 국장님과 장희지, 김하은님을 비롯한 발권국 직원들은 원고 교정과 자료 편집 등에 큰 도움을 주었고 특히 필자의 큰 형수님이자 화가인 안성옥 작가님은 기꺼이 아름다운 삽화를 정성껏 그려 주셨다. 이분들이 베풀어 준 정성과 은혜에 특히 감사 드리며 화폐의 아름다움에 눈을 뜨게 한 한은과 그 가족 여러분 그리고 지난해 많은 가을의 추억을 안겨준 국가공무원 인재개발원 제26기 고위정책과정의 동기들께도 깊은 감사를 전한다.

끝으로 늘 부족한 필자를 응원하고 격려해주는 아내, 부모님, 형님들 그리고 아들과 딸에게도 한없는 고마움을 전하며 이 책의 들어가는 글을 맺는다.

2019년 가을의 언저리에서

저자 이정욱

01

유럽의 화폐

(유로)

유로화의 창문

서로 함께 있음을 나누고
화사한 꽃 바라볼 때에는
우리 창문을 열어요.

하나 될 수 있는 평온한 마음과
꽃을 사랑하는 평화가 누구랄 것 없이
자연스레 솟아오를 때는
단힌 창은 필요 없습니다.

창문은 내 것을 나만의 향기로 가두거나
함께 누려야 할 것을 찾는 사색의 시작입니다.

어제도 오늘도
각양 각색의 삶이 유럽의 창에 숨 쉬고
로마네스크 고딕 바로크 로코코를 지나온
유럽의 하나 되는 꿈이
유로화의 창문을 지킵니다.

100
200
EURO
EYPΩ
EBPO
Sungock A.
2019.7.17.
유럽 Euro

유로(Euro)는 1999년 1월부터 유럽 회원국(EU) 중 12개 국가의 화폐 단위로 도입되었으나 당시에는 현금화폐의 실물이 없이 금융거래를 위한 회계단위로만 사용되었다. 그러다가 2002년 1월 1일에서야 유로 화폐의 실물이 공급되어 이후부터 일반 상거래의 거래 수단으로 통용되고 있다. 2019년 6월말 현재 유럽 회원국(EU) 중 19개국이 공동으로 유로 화폐를 사용하고 있으며 현재 유통되고 있는 은행권의 액면은 총 7권종〈5, 10, 20, 50, 100, 200, 500 Euro〉이다.

유로화의 발행기관인 유럽중앙은행(ECB)은 2013년부터 그리스 신화에 나오는 여성 인물인 에우로파(Europa)*의 초상을 숨은 그림으로 넣은 제2차 시리즈인 일명 유로파(Europa) 시리즈 은행권을 새롭게 발행하여 왔으며 최고 액면인 500유로 은행권의 신규 제조는 하지 않고 있다. 유로화 은행권의 도안 소재는 유로파 시리즈까지 변화가 없어 앞면에는 유럽의 시대별 건축양식〈그리스 고전양식(~1050년), 로마네스크(1050~1150년), 고딕(1150~1500), 르네상스(15~16세기), 바로코・로코코(17~18세기), 철과 유리로 지은 건축양식(19세기), 현대 20세기〉의 창문을 시대별 순으로 5유로화부터 넣고 있다. 또 뒷면은 건축양식의 시대별 교각을 권종마다 달리 넣고 유럽지도의 모습을 공통적으로 넣고 있다.

유로화의 도입으로 과거 화폐 디자인 예술의 진수를 보여 주었던 독일의 마르크화, 프랑스의 프랑화, 네덜란드의 굴덴화 등이 자취를 감추어 아쉽지만, 유로화는 무엇보다 특정 국가의 색채를 초월하여 범유럽을 연결하고 포용하는 데 중점을 두어 인물이 아닌 창문과 교각을 도안 소재로 한 점은 충분히 공감할 수 있는 대목이다. 특히 유로화 은행권의 유로파 시리즈에서는 창문과 교각의 건축물로 하나의 유럽

---

* 그리스 신화에 나오는 페니키아의 귀족이었고 제우스의 구혼을 받아 크레타의 여왕이 되었다. 유로파는 목성의 한 위성의 명칭으로도 사용되고 있다.

을 지향하고 있지만 인간미가 배제된 단점을 보완하기 위하여 숨은 그림으로나마 인간의 향기가 나는 유로파의 초상을 넣는 세심한 배려가 엿보인다.

〈100유로 은행권의 앞면과 뒷면〉

〈200유로 은행권의 앞면과 뒷면〉

(영국 파운드)

언제나 그 자리에

언제나 그 자리에
있어야 할 사람 있으면
슬플 때 위로받고
기쁠 때 감사하고
지켜야 할 약속 다짐하고
늘 지나침을 절제하며
스스로 낮추는 마음의 꽃이
피어난다네.

방황과 혼돈의 청춘에서
노년의 지존까지
언제나 그 자리,
영국 파운드화의 앞면에 자리하면서
영국의 품격과 절제를 지켜온 그녀는
영국의 자애로운 여왕,
영국 파운드화의 영원한 얼굴이라네.

언제나 그 자리에 있어야 할
국가에 대한 헌신과
국민에 대한 겸손과 사랑이
언제나 그 자리의 주인을 만드는 힘이었다네.

그분을 바라보는 모든 이는
신이 언제나 그 자리 있는 분을
지켜 주기를 기도한다네.

(영국 파운드)

당신*의 자리

많은 사람들과 다른 생각을 하는
한 사람이
그리 오래지 않아 함께 갈 길마저
홀로 가는 길은
고독보다 더 다름에 대한 비웃음이
끔찍한 벌이었습니다.

그래도 외롭지 않을 꿈을 꾸었죠.
사람처럼 생각하는 기계를 만드는 꿈,
누구의 은밀한 생각도 쉽게 읽을 수 있는 꿈이죠.

그리하여
홀로라도 먼 미래의 길 비추어
모든 이가 서로 다름을 인정하고
용서하는
영국 파운드화의 꿈같은 고백이
시작되었습니다.

---

* 영국의 중앙은행인 영란은행은 2016년부터 발행하고 있는 새 은행권 시리즈 사업의 일환으로 새 50파운드 은행권 뒷면에 들어갈 영국 과학 분야의 새로운 인물로 빅뱅이론의 스티븐 호킹 박사를 비롯한 989명의 후보 중 인공지능 컴퓨터의 토대를 마련한 앨런 튜링(Alan Turing)을 2019년 7월 15일 최종 선정하였다. 앨런 튜링은 제2차 세계대전 중 독일군의 암호(Enigma)를 해독하여 노르망디 상륙작전이 성공하는 데 기여한 업적 등에도 불구하고 동성애 혐의로 경찰에 체포되어 화학적 거세의 수모를 당하기도 하였으며 마침내 청산가리를 주입한 사과를 먹고 스스로 목숨을 끊었다고 한다.

"내 변함없는 영광의 자리,
그 다른 한편에
그대 지난 슬픔 묻고
영광을 안아요."

"당신의 꿈과
고독과 싸운 몰입으로
이 세상 많은 사람들이
소통하고 사랑할 수 있어
영국 과학의 가장 빛나는 별자리,
영국 오십 파운드의 얼굴로
당신을 모십니다."

"당신은
더 이상 숨겨야 할 과거의 상처가 아닌
오늘과 내일의 영광입니다."

Bank of England
Fifty Pounds
2019. 7. 20.

영국의 화폐 단위는 라틴어 무게 단위인 'Poundus'에서 비롯된 파운드(Pound)로 현재 유통되는 은행권의 액면은 총 4권종〈5, 10, 20, 50 Pound〉이다.

영국 파운드화 은행권의 앞면과 뒷면의 주 도안 소재는 모두 인물 초상이지만 위조방지요소 강화 등의 필요성으로 은행권의 도안을 변경하는 경우에도 앞면 인물은 변함없이 현 영국 여왕인 엘리자베스 2세의 모습이다. 엘리자베스 2세가 화폐의 모델로 들어간 것은 왕위를 승계한 1953년부터인데 그녀는 비단 영국뿐만 아니라 전통적으로 영연방 국가인 호주, 뉴질랜드 등의 화폐 인물로도 칭송받고 있다. 그만큼 조국을 사랑하고 슬픈 일이나 기쁜 일 모두 국민과 함께 하는 한결같은 여왕의 위엄과 자애로움이 늘 그 자리, 화폐의 모델로서 부족함이 없었기 때문이다. 영국의 중앙은행인 영란은행(Bank of England)은 2016년부터 뒷면 인물을 바꾸어 새로운 은행권 시리즈를 발행하고 있는데, 새 시리즈의 10파운드 은행권 앞면에도 변함없이 엘리자베스 2세 여왕의 모습이 들어가 있고 영란은행 건물의 전경이 추가되었다. 반면 뒷면의 경우 직전 시리즈에서는 생물학자인 찰스 다윈의 초상이 들어 있었으나, 새 시리즈에서는 소설 오만과 편견의 저자인 제인 오스틴의 초상으로 바뀌었다. 또한 영란은행은 새로운 50파운드 은행권의 뒷면 도안 인물로는 현 매튜 볼턴(Matthew Boulton, 1728~ 1809)과 제임스 와트(James Watt, 1736~1819)를 대신하여 과학 분야에서 영국을 빛낸 새로운 인물로 컴퓨터 공학과 인공지능의 토대를 마련한 수학자 앨런 튜링(Alan Turing, 1912~1954)을 2019년 7월 15일 최종 선정하였다. 새 50파운드 은행권의 인물로 앨런 튜링이 최종 선정되기까지는 엄격한 여론조사 및 심사 절차가 있었다. 먼저, 영란은행 「은행권 도안 인물 자문위원회」(Banknote Character Advisory Committee)*는 2018년 11월 새 은행권의 도안 인물 선정분야를 과학으로 결정하고

6주간에 걸쳐 홈페이지를 통해 적격 인물에 대한 여론조사를 실시하였다. 당시 여론조사 기간 중에는 약 22만명의 영국 국민이 도안 인물을 추천하였으며 이 중 989명의 과학자가 적격 후보 요건을 갖추었다고 한다. 이어 영란은행의 도안 인물 자문위원회는 다시 심의 과정을 통해 로잘린드 프랭클린(DNA구조 해명), 윌리엄 허셜(적외선 발견), 폴 디랙(양자역학), 스티븐 호킹(빅뱅이론), 앨런 튜링 등을 비롯한 12명으로 후보군을 압축하였으며 영란은행 총재가 후보군 중에서 최종적으로 앨런 튜링을 선정한 것이다. 마크 카니(Mark Carney) 영란은행 총재는 별도의 도안 선정 배경 연설을 통해 동성애와 자살로 마감된 앨런 튜링의 비극적인 삶을 가감 없이 소개하면서 이번 도안 인물 선정은 과학, 예술, 문학에 이르는 다양한 분야에서 개인의 위대한 업적을 기리고 영국 사회의 다양성을 보여주는데 의미가 있음을 강조하였다. 참고로 앨런 튜링의 모습이 들어간 새 50파운드 은행권은 앞서 발행된 새 은행권과 마찬가지로 면 재질이 아닌 플라스틱성 재질의 첨단 폴리머노트로 만들어져 2021년말부터 발행될 예정이다.

* 영란은행은 2013년 12월 화폐 도안 인물 선정 절차를 마련하였는데, 그 선정 절차는 ① 일반 국민의 후보 제안, ② 영란은행 직원(2명)과 외부 전문가(3명)로 구성된 '은행권 도안 인물 자문위원회'의 심의 및 후보군 압축, ③ 영란은행 총재의 최종 결정 순이다.

〈영국 10파운드 은행권의 앞면과 뒷면〉

〈영국 현용 50파운드 은행권의 뒷면〉

〈영국 새 50파운드 은행권의 뒷면(안)〉

(노르웨이 크로네)

꿈의 바다

누구나 넉넉히 가진 하나를
못 가진 운명이라도
다른 하나로 채워 가면
꿈과 희망이 거듭 생깁니다.

가꿀 들녘이 없는 험지에서
바라보는 바다는
거친 산의 어둠이 밀려와
태양이 지는 절망 속에서도
희망을 솟아내는 아름다운 대지입니다.

그래서
노르웨이 크로나 화폐는
온통 바다의 세상입니다.
바다는
험한 산지의 현실을 넘어
바람과 파도의 장단으로
사람들을 함께 춤추게 하고
드넓은 세상을 여는 뱃길로
풍족한 먹거리와
나날이 새로운 꿈을 만드는
가장 든든하고 빛나는 생의 무대입니다.

500
FEM HUNDRE KRONER
2019. 6.14

노르웨이의 화폐 단위는 라틴어로 왕관을 뜻하는 'Corona'에서 비롯된 크로네(Krone)이다. 현재 유통되는 은행권의 액면은 총 5권종〈50, 100, 200, 500, 1000 Krone〉이다. 화폐 발행기관인 노르웨이 중앙은행(Norges Bank)은 과거 앞면에 인물 초상, 뒷면에 식물 또는 건축물 구도의 은행권 디자인을 모두 바다를 주제로 한 도안으로 전면 교체하여 2017년부터 새롭게 발행하고 있다. 노르웨이가 산과 빙하가 흐르는 아름다운 피오르식 해안을 갖고 있지만 야생 국토의 3%만이 경작할 수 있는 원초적 역경이 은행권 도안 소재로 바다를 주목하게 된 배경으로 생각된다. 즉, 바다에 많은 것을 의존할 수밖에 없었던 노르웨이 사람들에게 바다는 먹을 것을 주고 다른 세계로 나아가게 하는 희망의 원천인 셈이다.

2017년부터 새롭게 발행된 100크로네 은행권은 '세상으로 나아가게 하는 바다'를 주제로 앞면에는 노르웨이 전통의 바이킹 배가 들어 있으며 뒷면에는 직사각형의 기하학적 패턴이 배 모양을 형상화하고 있다. 또 2018년에 새롭게 발행된 500크로네는 '번영을 주는 바다'를 주제로 앞면에 구조선(rescue vessel)의 모습과 뒷면에 해저 가스 파이프라인을 형상화한 직사각형의 패턴이 자리하고 있다.

〈노르웨이 100크로나 은행권의 앞면과 뒷면〉

〈노르웨이 500크로나 은행권의 앞면과 뒷면〉

(스웨덴 크로나)

예술로 가는 여정

슬픔을 몸소 겪어야
사랑의 눈을 뜨는 인생이
예술로 가는 여정이라네.

곁에 있는 꽃의 향기를 모른 채
새로운 꽃을 찾아 떠난 방황의 끝에서야
곁에 있었던 꽃의 향기를
가장 큰 사랑이라 추억하는 여행이
스웨덴 크로나화의 예술로 가는 여정이라네.

그 여정에는
운명적 슬픔 속에서도
희망과 웃음꽃을 피우는
빨간머리 소녀의 평화가 있다네.

그 여정에는
기나긴 하루와 같은 인생 여정에서
첫사랑 추억 가득 품은 산딸기 숲속을 찾아
이웃에 대한 무관심과 이기를
묻어버리는 사죄와 용서도 있다네.

스웨덴 크로나화의 여정은
타인의 슬픔을
자기 심장의 고통처럼 아파하며
맑은 영혼의 노래로
사랑을 호소하는 정열의 몸짓으로
세상의 평화를 갈구하는
예술로 가는 여정이라네.

스웨덴의 화폐 단위는 노르웨이의 크로네와 마찬가지로 라틴어로 왕관을 뜻하는 'Corona'에서 비롯된 크로나(Krona)이다. 현재 유통되는 은행권의 액면은 총 6권종〈20, 50, 100, 200, 500, 1000 Krona〉이다.

스웨덴 중앙은행(Sveriges Riksbank)이 2008년부터 준비하여 새롭게 발행한 은행권의 앞면에는 스웨덴은 물론 세계적으로도 유명한 남녀 예술인, 정치인의 모습이 들어 있으며 뒷면에는 그들 고향의 전경을 배치한 것이 특징이다.

스웨덴 크로나 은행권을 새롭게 장식한 인물들의 면면을 살펴보면 소설 '말괄량이 삐삐'의 작가인 아스트리드 린드그렌(20크로나), 오페라 '마타하리'의 주인공으로 열연하여 명성이 높았던 그레타 가르보(100크로나) 등의 여성 예술인이 꼽혔다. 또 세계적인 명화 '산딸기'를 제작한 영화감독인 잉그마르 베르그만(200크로나), 역대 가장 훌륭한 유엔 사무총장으로 평가받는 다그 함마르셸드(1000크로나)와 같은 남성 유명 인사들도 있다.

〈스웨덴 20크로나 은행권의 앞면〉

〈스웨덴 100크로나 은행권의 앞면〉

〈스웨덴 200크로나 은행권의 앞면〉

〈스웨덴 500크로나 은행권의 앞면〉

〈스웨덴 1000크로나 은행권의 앞면〉

(덴마크 크로네)

다리를 놓는 마음

이 마음, 저 마음
배려의 다리가 놓이면
한마음!

이 마을, 저 마을
이 섬, 저 섬
화합의 다리가 열리면
바이킹 용맹이 예술의 역사로 뻗어
제일 행복한 나라의 길을 여네.

어제와 오늘
미래를 잇는 다리가
덴마크 크로네화에 놓이면
어제의 유산이
오늘 예술의 혼이 되고
미래의 행복한 꿈이 된다네.

Danmarks Kroner
2019. 6. 27
Sungock A.

덴마크의 화폐 단위는 라틴어로 왕관을 뜻하는 'Corona' 혹은 옛날 영국에서 발행한 대형 은화의 명칭인 'Crown'에서 유래한 크로네(Krone)이다. 현재 유통되는 은행권의 액면은 총 5권종〈50, 100, 200, 500, 1000 Krone〉이다.

덴마크 크로네화 은행권은 전통적인 앞면 인물 초상의 구도를 따르지 않고 주 도안 소재로 앞면에는 덴마크의 유명한 다리(bridge)의 모습 그리고 뒷면에는 신석기와 청동기 시대를 아우르는 그릇, 검 등의 고대 유물을 넣어 현대와 오랜 과거와의 연결을 통해 오랜 전통과 역사를 강조하고 있다. 그런데 현대의 상징물이 왜 다리일까? 덴마크의 지형은 바다로 돌출한 하나의 반도처럼 보이지만 무려 480여 개를 넘는 섬들로 구성된 국가라는 점에서 무엇보다 섬과 섬, 마을과 마을, 사람과 사람을 연결하고 포용하는 상징물로서 다리를 최적의 화폐 도안 소재로 택한 것으로 보인다.

〈덴마크 50크로네 은행권의 앞면〉

〈덴마크 500크로네 은행권의 앞면〉

(아이슬란드 크로나)

동토의 시인

얼음의 땅 위에
서로 이름을 부르는 사랑 가득해
길고 찬 밤의 고독은
동토를 녹이는 시와 이야기의
따스한 품이 되었네.

한 여인의 사랑을 얻지 못한 슬픔은
빼앗긴 동토의 아픔으로 잊어
길지 않은 시인의 인생에서도
동토를 일깨우는 빙하와 맑은 하늘의 노래가 되었네.

추운 나날이 계속되어도
더 이상 자유가 얼지 않는 땅의
축복은 피어나
동토를 그토록 눈부시게 사랑한
시인의 영혼도
아이슬란드 크로나화의 품 속에서
빙하수 푸른 빛으로
유유히 흐르고 있네.

SEDLABANKI
ISLANDS
10 000
2019. 7. 18
아이슬란드 크로나

아이슬란드의 화폐 단위는 스웨덴과 마찬가지로 크로나(Krona)이다. 현재 유통되고 있는 아이슬란드 크로나 은행권의 액면은 총 5권종 〈500, 1000, 2000, 5000, 10000 Krona〉이다.

이들 은행권의 앞면에는 주로 과거 덴마크로부터 아이슬란드의 독립정신을 고취시킨 지도자 혹은 아이슬란드의 전통과 문화를 예술로 조명한 예술인의 초상이 담겨 있다. 또 뒷면에는 앞면 인물들과 관계된 작품 또는 건물 등의 모습이 들어 있다. 이 중 2013년 처음 발행된 최고액면 10000크로나의 앞면에는 자신의 생일이 곧 '아이슬란드 어의 날'로 지정될 만큼 덴마크 식민지배 아래에서도 아이슬란드 언어를 사랑하고 아이슬란드의 민족정신과 독립정신을 고취시킨 시인 요나스 할그림슨(Jonas Hallgrimsson)의 초상과 그의 시 '여행의 끝' 구절이 중앙에 들어 있다. 그는 한 여인에게 사랑을 고백하였으나 거절당한 채 덴마크로 건너가 1835년 최초로 아이슬란드어로 쓰여진 잡지(피욀니르)를 창간하는 등으로 아이슬란드 독립을 위해 헌신하였다. 아쉽게도 그는 37세의 일기로 비교적 일찍 생을 마감하였으나, 그의 이름은 아이슬란드의 언어 발전과 독립에 크게 공헌한 발자취로 '서로의 성을 부르지 않고 이름을 부르는 전통'을 가진 아이슬란드 사람들 사이에서 더욱 돋보인다고 한다.

〈아이슬란드 10000크로나 은행권의 앞면과 뒷면〉

(스위스 프랑)

완전한 안식을 위하여

늘 의지하여 위로받고 싶은
자연의 향기 그윽한
알프스의 품 안으로
고뇌하는 이방인이여 오라.

흔들림 없는 평화를 갈망하는 이여 오라.
언제나 유일한 진짜의 실체만이 흐르는
스위스 프랑화의 완전무결이
그대의 자유를 온전히 지지할 것이고
이 세상 누구라도 두 손을 맞잡는 평화의 염원을
그대 앞에 펼칠 것이라네.

SUISSE
Francs
1000+
Sungock A
2019. 7. 18.

스위스의 화폐 단위는 프랑(Franc)으로 옛날 프랑스에서 발행한 금화에 새겨진 왕의 이름인 'Francorum Rex'에서 유래된 것이다. 스위스 등 프랑스 인접 국가가 프랑이란 화폐단위를 쓰게 된 것은 1865년 '라틴화폐동맹'을 맺은 이후부터라고 전해진다. 현재 스위스에서 유통되고 있는 프랑화 은행권의 액면은 총 6권종〈10, 20, 50, 100, 200, 1000 Franc〉이다.

스위스 프랑화 은행권은 전통적으로 온갖 첨단 위조방지장치를 장착하고 있는 데다 디자인 면에서도 지속적인 변화를 통해 시대상을 적극 반영함으로써 오늘날 세계 최고의 안전과 품격을 겸비한 화폐로 평가받고 있다. 스위스 중앙은행(SNB)은 2016년부터 기존 앞면 인물 초상의 구도를 완전히 탈피하여 앞면을 손과 지구본의 모습으로 교체한 50, 20, 10, 200프랑*의 새 시리즈 은행권을 발행하여 왔으며 2019년 3월 13일부터는 최고액면인 1000프랑(약 한화기준 113만원)도 새 시리즈로 발행하였다. 새 1000프랑 은행권의 앞면을 보면, 다른 권종과 마찬가지로 기존의 인물 초상 대신 화합의 상징으로 손과 지구본을 넣었으며 뒷면 도안으로는 소통을 상징하는 네트워크 삽화가 사용되었다. 또 규격이 이전 시리즈보다 축소(74×181mm → 70×158mm)되고 은행권 용지가 종래 면 재질에서 플라스틱성 재질인 폴리머노트로 바뀌면서 동 폴리머노트에서 잘 구현되는 투명창 등의 첨단 위조방지장치가 새롭게 장착되었다. 스위스가 이처럼 늘 첨단의 안전제일 화폐를 추구하는 경향은 아마도 아름다운 알프스를 배경으로 한 세계 제일의 관광국으로서 자국민은 물론 외국인 누구라도 안전하고 온전하게 화폐의 사용 편익을 누리도록 하는 배려로 해석된다.

---

* 새 시리즈의 100프랑 은행권은 2019년 9월중 발행된다.

〈스위스 새 1000프랑 은행권의 앞면과 뒷면〉

(러시아 루블)

제국의 수호

시베리아 찬 바람과
제국의 광활한 영토를 적시는 강물만으로
혹독한 겨울을 잠재우는 꿈의 초원과
신에 대한 믿음을
지킬 수 있을까.

저 강 그리고 바다 건너
그윽한 유럽 문화의 향기가
거센 힘으로 다가올 때
더 큰 제국의 힘을 위해
스스로 상트페테르부르크의 문을 연 역사가 네바강을 흐르네.
러시아 루블화의 지킴이로 남았네.

아름다운 영혼의 꽃이라도
사라져야
내일 풍성한 열매가 열리는
슬픈 역사의 진실도
러시아 루블화 곳곳에 남았네.

혹독한 겨울은 잊어도 좋으리.

황금빛 찬연한 승리의 역사를 안긴 님들과

승리를 이끈 변화의 물결 속으로 사라져 간 이들 모두,

영광의 기념비 속 혼으로 남아

러시아 제국 루블화를 지키고 있네.

러시아의 화폐 단위는 러시아어로 은을 측량하는 단위에서 유래한 루블(Ruble)이다. 오늘날 러시아 중앙은행(Bank of Russia)이 발행하여 유통되고 있는 은행권의 액면은 총 8권종〈10, 50, 100, 200, 500, 1000, 2000, 5000 Ruble〉이다.

이들 은행권의 앞면에는 러시아 제국의 시베리아 영토 확장을 주도한 니콜라이 무라비요프(Nikolai Muravyov) 등을 비롯하여 과거 러시아 제국의 대영토 건설과 수호에 기여한 인물의 조각상이 들어 있으며 뒷면에는 지난날 번성했던 러시아 제국의 자취가 담긴 유명한 건축물의 모습이 담겨 있다. 특히 500루블 은행권은 러시아 역사상 가장 뛰어난 통치자이자 개혁가로 평가되는 표트로(Pyotr) 대제의 자취를 물씬 담고 있다. 그 앞면에는 아르항켈스크 항구에 위치한 표트로 1세 기념비가 있으며 뒷면에는 솔로베츠키(Solovestsky) 수도원의 모습이 들어 있다. 러시아 표트로 대제의 업적 중에는 1712년 수도를 모스크바에서 '상트페테르부르크'로 옮기고 '상트페테르부르크'를 서유럽 문화의 전진기지로 발전시켜 서유럽 제국의 침략에 대항토록 한 것이 주목된다. 또한 당시 서유럽의 선진적 제도 · 기술 · 풍속 등을 과감하게 받아들여 사회 · 문화적으로도 러시아 제국의 영역을 크게 확대시킨 점이 돋보인다. 이러한 사정으로 50루블의 앞면에도 상트페테르부르크의 페트로파블로스크(Petropavlosk) 요새를 배경으로 한 로스트랄 기둥의 조각상이 들어 있다.

〈러시아 500루블 은행권의 앞면과 뒷면〉

(폴란드 즐로티)

화려한 영광의 선율

달빛타고 내리는 피아노 선율이
쇼팽의 슬픈 이별을 기억하는 땅,
지난 빼앗긴 과거는
여전히 오늘의 슬픔이지만
내일 꿈의 노래는 아니라네.

이국의 밤을 안달하며
달빛에 호소했던 고국의 그리움으로
다시 돌아갈 수 없는 애절함으로
피아노 건반을 치던 쇼팽의 슬픔도
오늘 폴란드 즐로티화의 선율은 아니라네.

오늘보다 더 나은 내일을 꿈꾼다면
지나간 모진 슬픔보다는
화려한 시절의 영광을 기억하며
슬픔을 극복하는 긍정의 찬가가
폴란드 즐로티화의 가락이라네.

화려한 시절의 영광이
내일 더 큰 영광의 씨앗이길 바라는 기도가
폴란드 즐로티화의 달빛 은은한 선율이라네.

500 PIECSET
ZLOTYCH

폴란드의 화폐 단위는 폴란드어로 금을 뜻하는 것으로 알려진 즐로티(Zloty)이다. 현재 폴란드 중앙은행(National Bank of Poland)이 발행하여 유통되고 있는 은행권의 액면은 총 6권종〈10, 20, 50, 100, 200, 500 Zloty〉이다.

폴란드 하면 세계에서 가장 위대한 피아노곡 작곡가이자 피아노의 시인으로 불리는 쇼팽을 떠올리게 되지만 폴란드 은행권에는 쇼팽의 모습은 없고 폴란드 역사상 가장 전성기를 이끌었던 역대 왕들의 초상이 앞면에, 그 통치시대에 사용된 주화 등의 모습이 뒷면에 자리하고 있다. 예를 들면 20즐로티 은행권의 앞면에는 1025년 폴란드 주변 슬로바키아 등을 합병하여 폴란드 왕국을 세우고 초대 왕에 오른 볼레스라우스 1세(Boleslaus Ⅰ)의 초상이 들어 있으며 뒷면에는 그가 왕에 즉위할 당시 사용하던 데나르 은화의 모습이 들어 있다. 또한 이슬람 세력으로부터 유럽의 그리스도교를 지킨 얀 3세 소비에스키(John Ⅲ Sobieski) 왕의 초상이 최고액면 500즐로티의 앞면에 있고 폴란드에서 르네상스 문화를 꽃피운 지그문트 1세(Sigismund Ⅰ)의 초상이 200즐로티 앞면의 주인공으로 자리하고 있다.

이처럼 폴란드 역사상 가장 전성기를 이끌었던 인물이 은행권 앞면의 주인공이 된 것은 과거 여러 국가의 침공을 받았던 슬픈 역사를 교훈삼아 새로운 도약의 길을 가고자 하는 폴란드의 강한 의지와 희망을 담은 것으로 해석된다.

〈폴란드 500즐로티 은행권의 앞면과 뒷면〉

(헝가리 포린트)

슬픈 영혼을 위한 빛

슬픔을 흘려보낼 바다 없어도
깊고 푸른 다뉴브 강물 흘러
부다페스트 거리,
자유를 위해 처절히 저항한 영혼을 위로할 수 있었네.

한시도 저항 없이는 자유를 누리지 못했던 아픔이 커
차마 밝은 태양 아래서는 오늘의 영화가 몹시 부끄럽다네.

오히려
밤의 어둠이 역사의 숨결과 다뉴브를 비추는 정적을 맞아야
헝가리 포린트화의 영혼들이 응시하는 저항의 끝에
숙연해지는
역사의 불빛은 흘러
부다페스트의 밤은 절로 아름답기 그지없네.

HÚSZEZER FORINT
20
2019 6/6
Sunyock A.
헝가리 포린트화

헝가리의 화폐 단위는 포린트(Forint)로 이탈리아어 "피오리노(fiorino)"에서 유래된 것으로 피오리노는 이탈리아 피렌체를 지칭하는 고대 플로렌스(florence)의 금화 명칭이었다. 현재 헝가리 중앙은행(National Bank of Hungary)에 의해 발행되어 유통되는 은행권의 액면은 총 6권종〈500, 1000, 2000, 5000, 10000, 20000 Forint〉이다.

이들 은행권의 앞면에는 헝가리의 자유와 독립을 위해 외세와 절대 권력에 저항한 정치인들과 헝가리에 카톨릭을 정착시키는 등에 공헌한 왕들의 초상이 담겨 있다. 그리고 뒷면에는 앞면 인물과 관계있는 건축물의 모습이 자리하고 있다. 바다가 없는 헝가리의 지형적 특성상 부다페스트를 흐르는 다뉴브강의 물결은 유독 빛나며 헝가리 포린트 은행권의 뒷면 건축물들이 발산하는 은은한 밤의 조명과 어울려 지난날 헝가리의 험난한 저항의 역사를 위로하기에 족할 만큼 부다페스트의 아름다운 야경을 이루고 있다.

참고로 최고액면인 20000포린트권의 앞면에는 1836년 각종 검열에 반대하는 논문을 발표하고 헝가리 의회가 독자적으로 헝가리의 법을 제정해야 한다고 주장한 헝가리의 정치가 페렌크 덱(Ferenk Deak)의 초상이 들어 있으며 뒷면에는 그의 흉상이 세워진 의회 광장의 모습이 담겨 있다.

〈헝가리 20000포린트 은행권의 앞면과 뒷면〉

(체코 코루나)

자존심은 어디에

누군가 꽃밭을 짓밟아도
다시 꽃피울 씨앗을 심는 집의 지붕은
거칠망정 꽃밭을 지키는 홍토(紅土)*의 빛깔.

힘이 강할 때나 약할 때나
빨간 지붕 아래서
자기 빛깔 그윽한 삶의 이야기를 적을 수 있다면,
억압에 저항하는 자유의 보헤미안 노래를 부를 수 있다면
결국 진실이 이기는 승리,
서로 손잡고 꽃피우는
프라하의 봄을 간직할 수 있다네.

프라하 빨간 지붕 아래서
더 빛날 체코 코루나 화폐는
온갖 시련 속에서도
결코 상처받지 않았던 자존심을
늘 기억하라 하네.

---

* 동유럽 지역에서 벽돌의 재료로 많이 사용된 붉은 라테라이트 토(土)를 지칭한 것이다.

500
PĚT SET
KORUN CESKÝCH
2019. 6.10

체코의 화폐 단위는 라틴어 'Corona'에 어원을 둔 코루나(Koruna, 복수형은 Korun)이다. 체코 중앙은행(Czech National Bank)에 의해 발행되어 유통되고 있는 은행권의 액면은 총 6권종〈100, 200, 500, 1000, 2000, 5000 Koruna〉이다.

은행권 도안은 앞면 인물 초상, 뒷면은 앞면 인물과 관련이 깊은 건축물, 작품 등의 전형적인 구도를 따르고 있지만, 앞면 인물들의 직업 구성은 초대 대통령(토마스 가리그 마사리크, 5000코루나), 여성 성악가(에마 데스티노바, 2000코루나), 역사가(프라티세크 팔라츠크, 1000코루나), 여류 작가(보제나 넴코바, 500코루나), 교육개혁가(얀 아무스 코메니우스, 200코루나), 체코의 옛 명칭인 보헤미아의 국왕겸 신성로마제국의 국왕(카를 4세, 100코루나)으로 매우 다양하다. 이들 인물들은 체코 국가(國歌)인 '나의 조국은 어디에'가 아름다운 체코의 자연환경에 대한 자부심을 강조한 것과 대비되는 모습으로 체코 프라하의 아름다운 빨간 지붕 아래에서 가꾸어진 체코인들의 풍부한 문화적 예술성을 잘 대변하고 있다.

〈체코 코루나 은행권의 앞면들〉

02

아시아 . 태평양의 화폐

(대한민국 원)

둥글게 둥글게

돌고 돌아.
둥근 원 세상 더 둥글게
화목하게 손잡고
둥근 세상 함께 보듬어 가세나.

나랏 말씀 지키고
우리 숨결 살린 글 만들어
어진 사람들 몹시도 사랑한
어버이의 성심 그득한 땅.
글과 마음이 둥글게 통하는 화폐,
둥글 둥글 이곳 저곳
기쁨과 설움 나누고 달래온
이 땅의 징표일세.

곧고 강직한 선비의 기개 흐르며
어머니 따스한 품으로 그려낸
이 땅 곧은 나무의 정기와
민초의 풀잎 향기 그윽하여
옳은 가치와 다정다감이 어우러진
이 땅의 화폐, 이 땅의 얼굴일세.

대한민국의 화폐 단위는 한국은행법(제47조의 2)에 따라 한글 '원'이며 대한민국 화폐의 발행은 전적으로 한국은행만이 하도록 되어 있다. 본래 '원'이라는 화폐 단위는 일본의 엔, 중국의 위안과 마찬가지로 한자 둥글 원(圓)에서 유래한 것으로 옛날 둥근 동전의 모양을 유추한 것으로 보인다.

한국은행이 2009년 6월 오만원권을 처음 발행함에 따라 대한민국 은행권의 액면은 천원권, 오천원권, 만원권, 오만원권 4종이, 주화는 1원화, 5원화, 10원화, 50원화, 100원화, 500원화를 비롯한 6종이 유통되고 있다.

2006년 이후 새롭게 발행된 은행권의 앞면에는 백성을 몹시도 사랑한 세종대왕〈만원권〉, 학식과 덕을 갖춘 유명학자인 퇴계 이황〈천원권〉, 율곡 이이〈오천원권〉, 초충도를 그린 조선시대 유명 서화가이자 율곡 선생의 어머니이신 신사임당〈오만원권〉의 초상이 들어 있다. 또 뒷면에는 앞면 인물과 연계된 혼천의 등의 발명품과 예술 작품이 들어 있다.

〈대한민국 10000원권의 앞면과 뒷면〉

〈대한민국 5000원권의 앞면〉

〈대한민국 50000원권의 앞면〉

(일본 엔)

일본 새 천년의 표상

사무라이의 순정도 아니었네.
제국의 야욕은 물론
경제대국의 꿈과 현실도 아니었네.
일본이 선택한
새 천년을 여는 표상은
수많은 섬이 솟아내는 자유와
시와 서화로 생의 운치를 돋우는
낭만이었네.

전쟁의 대가가 폐허라는 역사를 알았을까.
오키나와 수리성 문으로
평화의 소중함을 담은
이천년 이천엔의 일본 얼굴!

황홀한 과거에 홀려
물러난 왕과 신하가
시와 노래, 술로
밤을 지새우는 낭만이 멋스러워
호리호리한 붓글도 춤추는 향연이
이천년 일본 이천엔의 새 역사를 열었다네.

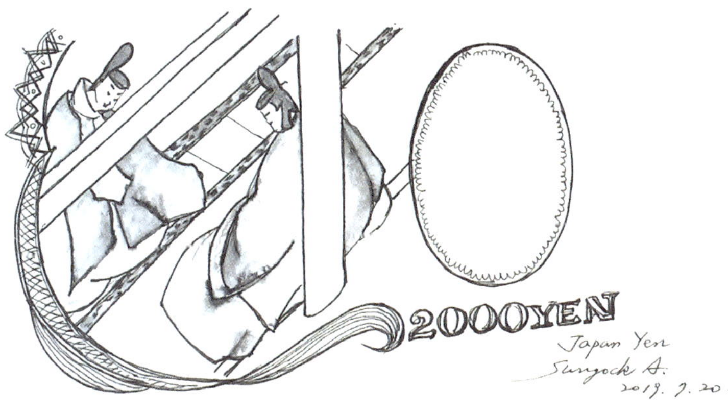
2000YEN
Japan Yen
Sunyock A.
2019. 9. 20.

일본의 화폐 단위는 엔(円)으로 현재 일본은행이 발행하여 유통되고 있는 은행권 액면은 1000엔, 2000엔, 5000엔, 10000엔이다.

이 중 2000엔권은 새 천년과 큐슈-오키나와에서 열린 제26회 G8 정상회담을 기념하는 뜻을 담아 2000년 7월 19일에 처음 발행되었다. 일본은 이 은행권을 계기로 2단위 액면의 현용 화폐가 없었던 점을 보완할 수 있었다. 아울러 앞서 발행된 은행권과 달리 앞면에 인물 초상이 아닌 건축물로서 일본 오키나와 현의 수례문(守礼門)을 도안 소재로 하는 파격을 보였다. 또 뒷면에는 일본에서 톨스토이의 웅장한 <전쟁과 평화>에 비견되는 무라사키 시키부의 국보급 작품인 <겐지모노가타리>의 한 장면을 담았다. 즉 그 소설의 주인공인 히카루 겐지 일행이 퇴위 후 은거 중인 레이제이 천황을 방문해 밤을 새우며 시를 읊고 노래를 부르고 술을 마시며 이야기를 나누는 장면이다. 이를 두고 <지폐의 세계사>의 저자인 셰저칭은 "덧없이 흐르는 세월 속 꿈같은 번영"을 추억한 것이라고 묘사한 바 있다.

〈일본 2000엔 은행권의 앞면과 뒷면〉

(중국 위안)

영웅을 위하여

농촌의 고달픈 삶을
새벽안개 휘감아 미소 짓는
서호의 신비가 달랠 수 있을까.
그 삶에 희망의 씨앗 심고자
배움의 열정을 복돋았던 영웅!

길고 긴 도전과 시련의 끝에
역사의 주인공이 되는 험로를,
도도한 장강의 물결이
협곡을 타야 비경이 되는 섭리를
고뇌했을 영웅!

수많은 고뇌의 시간을
권위와 승리의 역사 품에 안긴
여인들과 정을 맺고
태산과 계림산수의 수채화 폭에
그 여인들 비련을 묻었을 영웅!

길고 긴 역사의 자존심을
오직 한 영웅의 모습으로
세계를 돌 중국 위안화의 꿈을 채울 수 있으려나.

세상에 자랑할 대망의 궁전과 승리의 전당도
장미빛 역사의 장도를 펼치네.

중국의 화폐 단위는 위안(圓)이다. 대한민국의 화폐단위인 '원'과 마찬가지로 둥근 동전의 모양에서 유래된 것으로 전해진다. 현재 중국의 중앙은행인 중국 인민은행(People's Bank of China)이 발행하여 유통되는 은행권의 액면은 총 6권종〈1, 5, 10, 20, 50, 100위안〉이며, 그 앞면에는 공통적으로 중국의 영웅인 모택동의 초상화가 들어 있다. 그리고 뒷면에는 중국이 자랑하는 항주 서호(1위안), 태산(5위안), 장강삼협(10위안), 계림산수(20위안), 포탈랍궁(50위안), 인민대회당(100위안)의 모습이 들어 있다.

중국은 인구가 14억명이 넘는 세계 최대의 인구대국인데다 한족이 절대다수이기는 하지만 한족 이외에 55개에 달하는 여러 소수민족이 각기 다른 민족의 정체성을 이어가고 있어 어느 나라보다 화폐 도안을 정하고 변경하기는 쉽지 않다. 중국 위안 은행권의 앞면 도안이 현재와 같이 모택동의 초상화로 단일화된 것은 1999년경인데 그 이전 위안 은행권의 앞면에는 항상 2명 이상의 인물 초상이 들어 있었다. 다양한 민족으로 구성된 중국으로서는 민족대가정(民族大家庭)의 슬로건 아래 다수인 한족은 물론 각 민족의 화합과 단결을 강조하는 당시 중화민족론의 영향이 크게 작용한 것으로 짐작된다.

한편, 중국 인민은행은 2015년 이후 화폐도안 변경을 추진하여 2019년 8월 30일부터 새 50위안권, 20위안권, 10위안권, 1위안권의 은행권 4종은 물론 3종의 새 주화〈1위안(元), 5지아오(角), 1지아오(角)〉를 발행한다. 그러나 화폐의 도안 변경이라 하더라도 화폐의 색 선명도를 개선하고 홀로그램을 비롯한 첨단 위변조방지장치를 보강하는 차원이라서 현 은행권의 도안 소재인 인물 초상과 자연경관은 그대로 유지된다. 중국의 영웅으로서 모택동이 갖는 역사적 무게중심은 물론 화폐도안의 변경이 쉽지 않은 중국의 사정을 반영하는 것이라 하겠다.

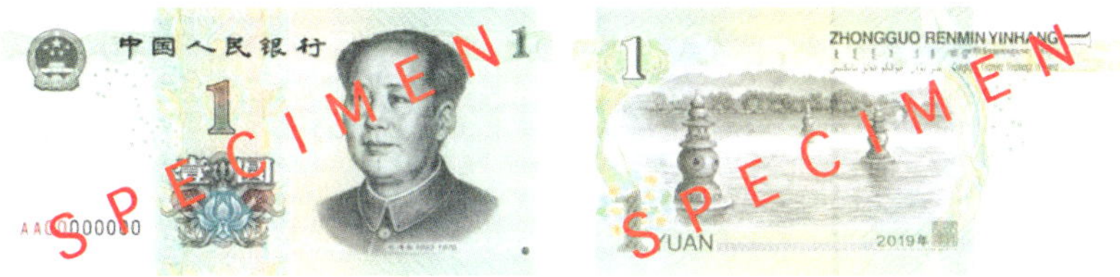

〈중국 1위안 은행권의 앞면과 뒷면〉

〈중국 10위안 은행권의 뒷면〉

〈중국 20위안 은행권의 뒷면〉

〈중국 50위안 은행권의 앞면과 뒷면〉

(대만 달러)

오늘이 비추는 미래

오늘은
어제의 징검다리를 넘어온
미래의 시작!

지난날의 아픔과 패배는
기억하되
오늘의 현실이 아니라
미래를 여는 징검다리가 되길
대만 달러화는 이기고 환호하는
오늘과 내일의 역사를 돌고 돈다네.

민족, 민주 그리고 민생의 터전이
강토의 미래가 되길 염원하며
오늘을 승리로 환호하는 울림과
내일을 꿈꾸는 아이들의 도전이
온 섬나라를 뜨겁게 한다네.

산 중턱 꽃사슴은
험준한 봉우리를 극복한 승리의 찬가를 부르고
높은 산 두 마리 꿩은
해뜨는 산하의 희망을 합창한다네.

깊은 계곡물의 정겨운 두 연어는
오늘의 깨끗한 산하가
내일에도 또 내일에도
변함없는 후대들의 안식처가 되길
기도한다네.

대만의 화폐 단위는 한자로 중국 위안화와 같은 圓으로 표기하지만 호칭은 New Taiwan Dollar로 한다. 대만 중앙은행(Central Bank of China, Taipei)이 발행하여 유통되고 있는 은행권의 액면은 총 5권종 〈100, 200, 500, 1000, 2000圓〉이다.

2001년부터 새롭게 발행한 이들 은행권의 앞면에는 중화민국인 대만의 국부라 할 수 있는 손문(100圓)과 장개석(200圓)의 인물 초상 이외에도 환호하는 야구 선수들(500圓), 과학 교육 중인 아이들(1000圓), 위성안테나(2000圓) 등과 같이 대만의 미래를 강조하는 장면도 들어 있다. 또 뒷면에는 대만 국부와 관계된 중산루(100圓) 등의 기념관, 대만의 다바지안(Dabajian)과 같은 높고 험한 산과 계곡 그리고 그곳에서 서식하는 꽃사슴(500圓), 꿩 두 마리(1000圓), 연어 두 마리(2000圓)의 모습이 들어 있다.

〈대만 달러 은행권의 앞면과 뒷면〉

(말레이시아 링깃)

한 송이 꽃을 바친다면

사랑하는 이에게
단 한 송이 꽃을 바친다면
물론 그분이 몹시 좋아하지만
주는 사람이 가장 잘 알고
한 송이라도 초라하지 않은 꽃이
제일 좋습니다.

그럼
끊임없이 자유와 평화의 영혼을 일깨우는 신과
우리들 자유와 화합의 길을 연 분께는
어떤 꽃을 드려야 할까요.

말레이시아 링깃(Riggit) 화폐가 알려줍니다.
아름다운 여신 히비스(Hibis)를 닮은 꽃!
이곳 저곳 지천에 피어
모두가 알고
한마음의 정열을 모아
늘 존경과 사랑을 전할 수 있는
무궁화를 닮은 꽃이라고.

100
RINGGIT MALAYSIA

말레이시아의 화폐 단위는 옛날 주화의 위변조 방지를 위해 그 테두리에 톱니를 새겨 울퉁불퉁하게 만든 것에서 비롯된 '톱니가 새겨진'의 의미를 가진 링깃(Ringgit)이다. 말레이시아 링깃 은행권의 액면은 총 6권종〈1, 5, 10, 20, 50, 100 Ringgit〉인데, 그 앞면에는 공통적으로 말레이시아 초대 국왕인 투안크 압둘 라만의 초상과 말레이시아의 국화로 말레이시아에서 가장 흔하게 볼 수 있는 히비스커스가 함께 들어 있다. 뒷면에는 연날리기(1링깃)는 물론 코뿔새(5링깃) 등의 동물과 세계에서 가장 큰 꽃으로 알려진 라플레시아(Rafflesia, 10링깃) 꽃 등의 모습이 있다.

〈말레이시아 100링깃 은행권의 앞면과 뒷면〉

(태국 바트)

왕이로소이다

인생에서 슬픔과 걱정이 있다는 걸
처음 알았을 때
가장 든든했던 당신은 바로 아버지입니다.

기쁠 때나 슬플 때나
늘 자식을 응원하고
올바른 신념으로 이끈
당신의 사랑과 격려는
인생을 바르게 용기있게
거듭 꿈꾸며 살아가게 한 좌표입니다.

태국 바트화는 존엄한 왕에 앞서
기쁠 때는 더 벅찬 격려를
좌절 앞에서는 용기와 사랑을 주던
그런 아버지를 찬양합니다.

기쁠 때나 슬플 때나
늘 자식을 올바른 신념과 용기로 이끄는 아버지는
모두의 자랑스런 왕입니다.

THAILAND BAHT
2019 6/26

태국의 화폐 단위는 바트(Baht)로 옛 태국의 시암 지방에서 사용된 은전 한푼(약 15g)을 지칭하는 단어에서 비롯되었다고 한다. 최근까지도 태국 국민들의 존경을 받고 있는 라마 9세인 푸미폰(Bhumibol Adulyadej) 국왕이 서거한(2016년 10월) 후 2018년부터 새로운 디자인으로 발행되고 있는 은행권의 액면은 총 5권종〈20, 50, 100, 500, 1000 Baht〉이다.

이들 은행권의 앞면에는 현 국왕(라마 10세)인 마하 와치랄롱꼰(Maha Vajiralongkorn)의 초상이 공통적으로 들어 있으며 각 뒷면에는 20바트부터 라마 1세에서 라마 10세에 이르기까지 각 권종마다 두 명의 국왕 초상이 들어 있다. 예를 들면 1000바트의 경우 앞면에는 현 국왕인 라마 10세의 초상이 있으며 뒷면에는 라마 9세와 라마 10세의 초상이 함께 들어 있다.

〈태국 1000바트 은행권의 앞면과 뒷면〉

(인도네시아 루피아)

춤의 향연

무수한 섬마을마다
각양각색 피어나는 꽃과 풀향기만큼이나
세상을 품는 사람들 향기 다르지만
신과 자연이 베푸는 생의 신비로
온 섬의 자유를 지켜낸 환희가
인도네시아 루피아화에 가득찼네.

평온해서 더욱 아름다운 섬이
때론 땅이 갈라지는 아픔과
바닷물 넘치는 절망에 휩싸여도
두 손 맞잡아
춤사위 절로 이는 기쁨을 가꾸는 섬의 역사가
인도네시아 루피아화도 춤추게 하네.

사람이 아닌
하늘과 바다가 신의 이름으로 내린 슬픔이라면
분노하지 않으리.
설령 눈물이 치솟아도
가면으로 슬픔을 감추고라도
하늘과 바다를 향해
장단을 더 경쾌하게

기쁨을 더 크게
온 섬을 하나로 하나로 거듭 세우는 살풀이가
인도네시아 루피아화가 펼치는 춤의 향연이라네.

인도네시아의 화폐 단위는 루피아(Rupiah)로 산스크리트어로 은을 뜻하는 '루퍄(rupya)'에서 파생된 것으로 전해진다. 인도네시아의 루피아 현용 은행권의 액면은 총 7권종〈1000, 2000, 5000, 10000, 20000, 50000, 100000 Rupiah〉이다.

2016년 들어 은행권 앞면의 인물 초상을 수마트라, 자바, 술라웨시 등의 지역별로 그 지역 출신 유명 정치인을 고르게 안배하는 방향으로 교체하였으며 뒷면에는 공통적으로 해당 지역의 민속춤을 추는 여성들의 모습을 넣는 변화를 주었다. 예들 들면 라자 암팟섬의 토펭 브타위춤(100000 Rupiah), 발리 지방의 전통춤인 르공(50000 Rupiah), 술라웨시 섬 마카사르 지방의 궁중무용인 파카레나(10000 Rupiah) 등의 민속춤을 추는 여성들의 모습이 이채롭다.

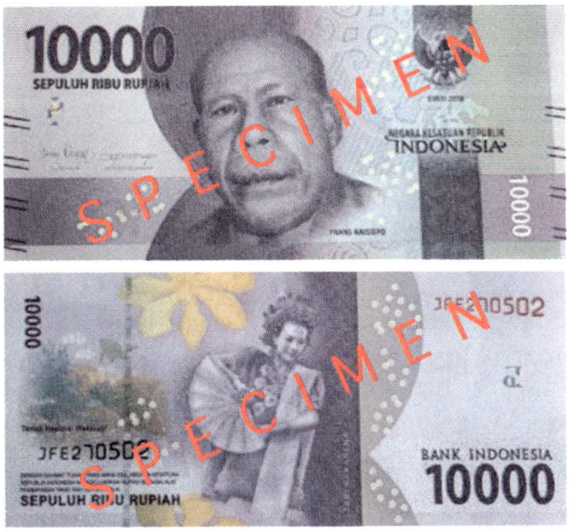

〈인도네시아 1만루피 은행권의 앞면과 뒷면〉

〈인도네시아 5만루피 은행권의 앞면과 뒷면〉

〈인도네시아 10만루피 은행권의 앞면과 뒷면〉

(인도 루피)

소금의 진실

태양 아래 소금이 빛나는 것은
당연한 결과가 아니라
고된 땀이 눈물마저 삼켰음이라.
소금의 결실만을 누리려는 이에게
고된 땀의 진실을 호소하노라.

서로 말과 피부색이 다른 이유로
어느 누구라도 땀의 진실을 부인할 수는 없네.
어느 누구라도 땀흘림의 대가를 차별할 수는 없네.

인도 루피화의 위대한 영혼은
작열하는 태양의 머나먼 길을
걷고 걸었네.
소금의 진실을 거부하는 이에게
거친 폭력으로 맞섬이 없이
그저 쏟아지는 땀의 진실을 호소하였네.
서로 말과 피부색이 다른 차이를
배려하고 인정하는 인도 루피화의
사랑을 알렸다네.

₹20
TWENTY RUPEES
INDIA RUPEES

인도의 화폐 단위는 산스크리트어로 은을 뜻하는 단어인 루퍄(rupya)에서 비롯된 루피(Rupee)이며 현용 은행권의 액면은 총 8권종 〈5, 10, 20, 50, 100, 200, 500, 2000 Rupee〉이다.

은행권의 앞면에는 공통적으로 비폭력 저항운동을 이끈 위대한 영혼, 마하트마 간디(Mahatma Gandhi)의 초상이 들어 있는 점이 특징이다. 또한 뒷면에는 인도의 산수풍경(20루피, 100루피), 밭을 경작하는 농부의 생활상(5루피), 국회의사당(50루피) 등 다양한 모습이 들어 있는데, 특히 500루피의 뒷면에는 마하트마 간디가 1930년 당시 소금세 폐지를 위해 영국에 저항하여 더위도 아랑곳하지 않고 민중과 함께 행진하는 역사적 장면이 들어 있다.

〈인도 20루피 은행권의 앞면과 뒷면〉

〈인도 500루피 은행권의 앞면과 뒷면〉

(베트남 동)

역사의 주인공

얼마나 길고 긴 세월을
뭍과 떨어져
비 바람 맞고 견뎌야
하롱베이의 비경이 될까.
베트남 동(Dong) 화폐가 묻네.

얼마나 길고 긴 세월,
그리운 조국의 집을 떠나
민족의 자유를 몹시도 열망하며
외세에 굴하지 않는 용기로 살아야
한결같은 역사의 주인공이 될까.
베트남 동(Dong) 화폐가 묻네.

외톨이 섬들의
길고 혹독한 고독이 없었다면
하롱베이의 비경은 없고
늘 민족의 운명 앞에서는
기꺼이 초라한 떠돌이가 되는 운명을 살지 않고는
베트남 동(Dong) 화폐의 주인공이 될 수 없다네.

VIET NAM HAI TRAM
NGHIN DONG

베트남의 화폐 단위는 동(Dong)으로 베트남의 전통 혼례 관습에서 신랑이 신부에게 지참금으로 주었던 구리인 동(銅)에서 비롯되었다고 한다. 현재 베트남에서 유통되고 있는 은행권의 액면은 총 12가지이지만 실제로는 동(Dong)의 화폐가치가 낮아 1000동 미만의 은행권은 거의 사용되지 않으며 주화의 경우 2004년 4월에야 처음 발행되어 총 5화종〈200, 500, 1000, 2000, 5000 Dong〉이 유통되고 있다.

2003년 이후에는 새로운 고액권(20만, 50만 Dong)을 포함하여 위조방지장치를 강화하고 디자인을 새롭게 한 은행권 총 6권종〈10000, 20000, 50000, 100000, 200000, 500000 Dong〉이 발행되었다.

이들 은행권의 앞면에는 공통적으로 이전과 마찬가지로 프랑스의 식민지배에 저항하여 오랜 세월 조국을 떠난 채 떠돌이로 독립운동을 벌였던 베트남의 독립영웅이자 대통령을 역임한 호치민의 초상이 들어 있다. 또 뒷면에는 호치민 생가의 모습(50만 Dong), 오랜 세월에 걸친 자연의 조각품에 비견되는 하롱베이의 모습(20만 Dong) 등이 있다.

〈베트남 20만동 은행권의 앞면과 뒷면〉

(호주 달러)

평등 선언

우리 서로를 내 몸의 반쪽처럼
서로의 마음을 하나로 헤아려요.

앞뒤를 정할 필요 없는 배려는
호주 달러화의 평등 선언입니다.

어느 여인이
소박한 서민들의 애환을 희망으로 가꾸는 창을 열면
어느 사내는
떠돌이 괴나리봇짐의 경쾌한 왈츠를 울립니다.

그가 머나먼 오지 사람을 돌보는 사랑의 지혜를 풀어내면
그녀는 지난날의 과오로
평생 좌절하지 않고
많은 가난한 이를 돌보는 성공으로 화답합니다.

이렇게 저렇게
호주 달러화의 평등은 깊어 갑니다.

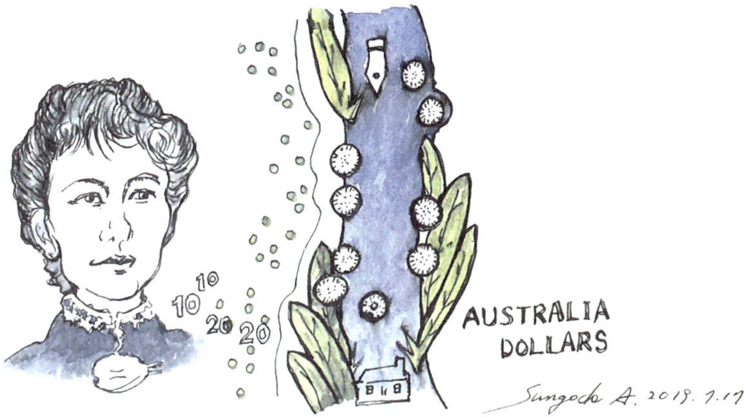
10
10
20
20
AUSTRALIA
DOLLARS
Sungocho A. 2019. 7.17

호주의 화폐 단위는 달러(Dollar)이며 현재 호주의 중앙은행인 호주 준비은행(Reserve Bank of Australia)이 발행하는 은행권은 총 5개 액면의 권종〈5, 10, 20, 50, 100 Dollar〉이 유통되고 있다.

이들 은행권은 앞면에 영국 여왕인 엘리자베스 2세의 초상이 있는 5달러권을 제외하고는 앞면과 뒷면을 구분할 필요가 없는 점이 이색적이다. 즉 한 면에 남성의 유명 인물 초상이 들어가면 다른 한 면에는 반드시 여성 유명 인물의 초상이 들어가도록 함으로써 양성평등에 대한 배려가 확고하다. 예를 들어 호주 10달러권은 한 면에 시 '눈 덮인 강에서 온 사나이', 호주인들의 유명한 애창곡인 '춤추는 마틸다'*의 가사를 쓴 앤드류 패터슨(Andrew B. Paterson)이라는 남성 작가의 초상이 들어 있으며, 다른 한면에는 소설 '양모의 계절'의 여성 작가인 매리 길모어(Marry Gillmore)의 초상이 들어 있다. 또 20달러권의 한면에는 어린 시절 절도행각으로 인한 전과자의 오명을 극복하고 호주의 여성 탐험가이자 사업가로 성공하여 무료 학교 운영 등의 자선활동을 벌였던 매리 레이비(Marry Reibey)의 초상이 있고, 다른 한면에는 세계 최초로 비행기 의료 서비스(The Royal Flying Doctor Service)를 운영하여 오지 환자들의 치료도 가능토록 한 남성 성직자 존 플린(John Flynn)의 초상이 들어 있다.

---

* 영어로는 Waltzing Matilda이며 호주인들에게는 우리의 아리랑에 비견될 만큼 국가 대항 경기 등에서 즐겨 불리는 애창곡으로 배가 고파 양 한 마리를 훔쳐 달아나다 연못에 빠져 죽은 괴나리봇짐(Matilda)을 진 떠돌이 노동자의 애환을 노래한 곡이다.

〈호주 10달러 은행권의 한면과 다른 반대편 면〉

〈호주 20달러 은행권의 한 면과 다른 반대편 면〉

(뉴질랜드 달러)

숲속의 축제

숲속 깊숙히
아침 햇살 스미면
새들이 꿈을 노래하는
뉴질랜드 달러화의 동화가 들려요.

높고 험한 에베레스트산 정상에서
세상을 바라보는 꿈.
어두운 밤이 와도
무수한 별들이 함께 빛나는 평화.

여성이든 남성이든
모두 공존의 삶을 결정하는 주인이 되는 희망이
겸손한 꽃으로 피어나는 세상.

오랜 시간이 흘러도
지난 삶의 궤적을 차곡차곡 그리는
되돌림의 여유가 있는 세상.

가장 흔한 들풀이
공생의 길을 이끄는 숲속의 축제는
뉴질랜드 달러화가 전하는
숲속의 동화입니다.

NEW ZEALAND
DOLLAR

뉴질랜드의 화폐 단위는 달러(Dollar)이며 현재 유통되는 은행권의 액면은 총 5권종〈5, 10, 20, 50, 100 Dollar〉이다.

이들 은행권은 앞면에 뉴질랜드를 빛낸 인물 등의 초상이 들어 있고 특히 뒷면에는 거의 뉴질랜드에서만 서식하는 새들의 모습이 들어간 점이 눈에 띈다. 뉴질랜드 중앙은행인 뉴질랜드 준비은행(Reserve Bank of New Zealand)은 2015년부터 일곱 번째 시리즈의 새(bird) 은행권을 발행하여 왔는데, 이 새 시리즈의 은행권은 첨단 위조방지장치를 보강하면서 각 뒷면에 새의 모습을 보다 선명하게 부각시키고 뉴질랜드의 자연과 풍속을 상징하는 문양을 추가하였다. 또한 앞면에도 유명 인사의 인물 초상과 함께 뒷면에 있는 새의 모습을 추가하여 뉴질랜드의 아름다운 자연과 숲속의 전경을 한층 강조하였다. 실례로 5달러화 은행권을 보면 앞면에 세계 최초로 에베레스트산 정상에 오른 에드먼드 힐러리(Edmund Hillary)의 모습과 뒷면에 있는 뉴질랜드 특유의 노란 눈 펭귄이 왼쪽에도 위치하고 있다. 또 10달러화 은행권은 앞면에 뉴질랜드 세계 최초로 여성들에게 선거권을 부여하는 데 크게 공헌한 케이트 세퍼드(Kate Sheppard)의 초상과 뒷면의 주소재인 푸른색 오리와 더불어 여성 참정권 운동의 상징인 흰색 동백꽃(camellia), 무수한 별들과 은하수를 상징하는 문양이 함께 들어 있다.

〈뉴질랜드 5달러 은행권의 앞면과 뒷면〉

〈뉴질랜드 10달러 은행권의 앞면과 뒷면〉

03

아메리카의 화폐

(미국 달러)

그 모습 영원히

새 꽃피는 봄에
'이 세상 영원한 것은 없어'
목청 돋우는 새소리만큼
미운 청승짓 있을까.

이 세상 영원한 것 없어도
오늘 내가 가는 길이 있고
그 길에서 한결같은 자신을
올바로 알아보는 믿음이 생기면
그게 영원한 역사의 시작이라네.

아무도 모르게 변하여 가도
늘 같은 초록빛과 크기로
미국 달러화는
영원한 역사를 꿈꾸네.
꽃같이 아름다운 지나간 시간과
거듭 가슴 아파 떠나고 싶은 현실도
결국 영원히 변하지 않을 것을
지키고 찾아가는 꿈의 여정이며
행복의 시작임을 전하면서.

THE UNITED STATES OF AMERICA
TWENTY DOLLARS
Sungock A.
2019. 7. 20.

미국의 화폐 단위인 달러(dollar)는 독일 북부와 네덜란드 지역에서 사용되던 고대 저지 독일어(Low German)의 단어인 요아힘스탈(Joachimsthal)에서 유래된 것으로 전해진다. 즉 요아힘스탈은 Joachim's Valley라는 옛 독일 지역(현 체코)에 은이 풍부했던 곳의 이름으로 후일 'Thaler'로 약칭되고 이것이 다시 자연스럽게 'dollar'로 불리어졌다고 한다. 미국의 중앙은행인 연방준비제도(Federal Reserve System)에 의해 발행되어 유통되고 있는 달러 은행권의 액면은 총 7권종〈1, 2, 5, 10, 20, 50, 100 Dollar〉이다.

대부분의 국가들이 은행권의 권종별 구분을 쉽게 하기 위하여 권종별로 색상과 규격에 차이를 두지만 미국 달러 은행권은 전권종 모두 색상이 녹색 계열이며 가로·세로의 크기가 156×65mm로 동일한 것이 특징이다. 은행권의 디자인도 앞면은 전형적인 인물 초상으로 역대 대통령(1달러 워싱턴, 2달러 제퍼슨, 5달러 링컨, 20달러 잭슨, 50달러 그랜트) 또는 정치인(10달러 해밀턴, 100달러 프랭클린)으로 통일하고 있으며, 뒷면은 앞면 인물과 관계된 미국 상징물과 건축물이다.

미국 달러 은행권은 오늘날 세계적으로 가장 많이 사용되는 국제통화라는 점에서 숨겨진 위조방지장치의 미세한 변화 이외에는 외형적으로 두드러진 변화는 가급적 자제되어 왔다고 해도 과언이 아니다. 한편, 오바마 대통령 재임 당시에는 각계각층의 의견을 수렴하여 20달러 은행권의 앞면 인물을 당초 제7대 대통령인 앤드류 잭슨(Anderew Jackson)*에서 해리엇 터브먼(Harriet Tubman, 1820~1913)이라는 흑인 여성 인권운동가로 교체하는 계획을 세우고 여성 참정권 확보 100

* 터브먼은 미국 남북전쟁 당시 수백 명의 흑인 노예를 탈출시키고 종전 이후에는 여성 참정권 확보를 위해 활동한 인물인 반면, 잭슨 전 대통령은 1812~1815년 중 영미전쟁을 승리로 이끌었으나 인디언 학살과 100명 이상의 흑인 노예를 둔 전력으로 논란이 된 바 있다.

주년이 되는 2020년에 그런 변화를 담은 새 20달러 은행권을 발행할 계획이었다. 그러나 이러한 새 20달러 은행권 발행계획도 트럼프 정부의 결정으로 2028년 이후로 미루어진 상태이다.

〈미국 20달러 은행권의 앞면과 뒷면〉

(캐나다 달러)

포용의 갈래

세상 떠날 때
가장 아름다운 모습으로 가는 단풍잎은
길고 혹독한 겨울이 와도
세상은 언제나 포근히 살만한 숲의 나라가 있음을 알려주네.

눈 내리는 날,
흰색 올빼미가 숲속 세상을 품을 때에도
드넓은 호숫가 물총새가 안식을 취할 때에도
단풍잎은 늘 그들의 자리였다네.
캐나다 달러화의 진수를 보여주는 맑은 포용의 창이라네.

서로 다른 사람들이
함께 사는 지혜와 포용을 인도한
역사의 선구자들과 그들의 터전이
단풍잎 여러 갈래의 존경으로
캐나다 달러화에 숨쉬니
서로 다른 사람이라도
서로 다름을 인정하고
서로의 가장 아름다운 것을 먼저 보며
미움에 앞서
서로를 사랑하고 존경하라.

Canada
BANQUE DU CANADA 10
TEN DOLLARS
2019

캐나다의 화폐 단위는 달러(dollar)이다. 현재 캐나다 중앙은행(Bank of Canada)이 발행하여 유통되고 있는 은행권의 액면은 총 5권종〈5, 10, 20, 50, 100 Dollar〉이다.

캐나다 달러 은행권은 세계 은행권협회(IBNs)가 2004년부터 시상하는 '올해의 은행권'(Banknote of the Year Award)에 종종 선정될 만큼 디자인을 비롯한 은행권의 예술성과 품질이 세계 최고 수준으로 알려져 있다. 특히 새로운 위조방지장치를 보강하거나 주로 뒷면의 도안 소재를 바꾸어 새로운 은행권을 발행할 때마다 은행권 전체를 포괄하는 시리즈명을 부여하는 등 캐나다 중앙은행의 화폐 발권정책은 전 세계 중앙은행의 모범이 되고 있다.

가장 최근에 캐나다 중앙은행이 발행한 은행권 시리즈는 2011년 이후에 나온 '개척자 시리즈'(Frontiers Series)로 직전 시리즈인 '캐나다의 여정 시리즈'(Canadian Journey Series, 2001~2006년 발행), '새 시리즈'(Birds of Canada, 1986~1991년 발행)와 달리 은행권의 재질을 면소재에서 플라스틱성 재질인 폴리머로 바꾸고 캐나다 특유의 다른 문화에 대한 포용을 상징하는 단풍잎을 투명창에 구현하는 등 다양한 위조방지장치를 강화한 것이 특징이다.

특히 2018년 11월에 새롭게 발행된 10달러 은행권은 캐나다 최초로 세로형 도안에 여성 인권운동가인 바이올라 데스몬드의 초상을 넣었으며 재질도 폴리머 소재를 사용하여 투명창, 3D 효과가 있는 홀로그램 등 다양한 첨단 위조방지장치를 적용하였다. 이러한 획기적 변화 등으로 새 10달러 캐나다 은행권은 2018년 세계 은행권협회(IBNs)가 뽑은 '올해의 은행권'으로 선정된 바 있다.

〈캐나다 5달러 은행권의 앞면과 뒷면〉

〈캐나다 10달러 은행권의 앞면과 뒷면〉

(멕시코 페소)

독립, 자유를 위한 외침

마야 아즈텍 문명의 꽃이
정복자에 의해 시들어가는 아픔을 보며
더 이상의 핍박과 차별은 종을 쳐야 한다고
신의 이름으로 외치는 독립의 절규가
멕시코 페소화의 바램이라네.

불의의 특권에 항거하며
자유를 시민의 힘으로 찬란한 문명의 터전에 세우는 정의와
세상 모든 여자 중 가장 못나지 않은 여인이
부당한 차별에 끝까지 맞서며
이룰 수 없는 사랑을 고백했던 슬픈 연가도
멕시코 페소화의 시어가 되어 흐른다네.

이 세상 가장 소중한 자유는
가장 자기답게 사는 것이라
웅장한 벽화로 새기며
지난 날의 아픈 상처를
더 이상 아름다울 수 없는
자화상으로 치유하는 미의 독백이
멕시코 페소화의 향기라네.

PESOS
1000

멕시코의 화폐 단위는 스페인어로 측량 또는 무게라는 뜻을 가진 페소(Peso)이다. 현재 멕시코 중앙은행(Banco de Mexico)이 발행하여 유통되고 있는 은행권의 액면은 총 6권종〈20, 50, 100, 200, 500, 1000 Peso〉이다.

멕시코 페소 은행권의 디자인 구도도 대체로 앞면은 인물 초상, 뒷면은 아즈텍 등 고대 유적지나 건축물이지만 500페소의 경우는 앞면과 뒷면을 구분할 필요 없이 멕시코가 자랑하는 남녀 화가들의 초상과 작품이 각각 한 면에 들어 있다. 무엇보다 멕시코 페소 은행권 도안의 주인공들은 과거 오랜 기간에 걸쳐 스페인 등을 비롯한 외세의 지배에서 멕시코의 자유와 독립을 쟁취하는 데 공헌한 독립운동가들이 대세이다. 특히 1000페소의 주인공인 미겔 이달고(Miguel Hidalgo)는 멕시코 어디에서나 이달고 신부의 동상을 볼 수 있을 만큼 멕시코의 위대한 독립영웅이다. 그가 1810년 돌로레스 지방에서 최초로 멕시코의 독립을 선언하며 성당의 종을 울린 날이 멕시코의 독립기념일이기도 하다.

또한 이달고의 뒤를 이어 멕시코 남부지역에서 독립운동을 이끌었던 호세 마리아 모렐로스(Jose Maria Morelos) 신부의 초상이 50페소에 들어 있으며 멕시코의 초대 대통령으로서 오스트리아 출신 막시밀리안 황제 치하의 외세에 항거한 베니토 후아레스(Don Benito Juarez Garcia)의 초상도 20페소권의 앞면에 있다.

한편 멕시코 문학사상 최고의 시인으로 평가받는 후아나 이네스 델라 크루즈(Juana Ines de la Cruz)의 초상도 200페소권 앞면에 들어 있는데, 그녀는 차별을 받지 않고 학문에 정진하기 위해 수녀가 되었을 정도로 여성의 교육받을 권리 주장에도 적극 나섰다고 한다. 그녀는 동성애자(Lesbian)로서 이룰 수 없는 사랑의 아픔도 겪었으며 그녀의 타고난 미모와 재주에도 불구하고 남성 위주의 신학을 비판한 글로 종

교재판에까지 불려가 스스로 '나는 모든 여자 중에서 가장 형편없는 여자'라고 술회하는 슬픔을 겪기도 하였다.

이 밖에 500페소권의 한면을 장식하고 있는 디에고 리베라(Diego Rivera)는 멕시코의 역사와 사회생활상을 훌륭한 대형 벽화로 남긴 멕시코의 유명한 화가이며 다른 한면의 프리다 칼로(Frida Kahlo)는 소아마비와 교통사고로 수차례 수술을 받았던 자신의 고통스런 삶을 예술로 승화시켜 '나의 탄생'을 비롯한 많은 명작의 자화상을 남긴 대표적인 멕시코 여성 화가이다.

〈멕시코 10페소 은행권의 앞면〉

〈멕시코 1000페소 은행권의 앞면〉

(브라질 레알)

이름 모를 얼굴로

삶이 희망으로 가득 찰 때나
삶이 곤궁할 때나
드넓은 아마존 숲속의 동물들은
더 큰 욕심으로
오늘을 보채지 않으면
오늘의 평온이 내일도 온다 하네.

브라질 레알화의 동물들은
삶이 몹시도 각박할 때는
현란한 삼바 춤의 장단에 맞추어
다시 평온한 삶의 정열 복돋우라 하네.

지난날 잘못된 욕망으로
다시 또다시
소중한 사람들을 떠나보낸 후에야
이름 모를 얼굴 조각으로 세우고
한결같은 아마존 산하의 평온을
염원하는 바램이
브라질 레알화의 오늘과 내일이라네.

20
REAIS
50 CINQUENTA REAIS
BRASIL REAIS
2019. 7.14
Sungock A.

브라질은 화폐의 단위로 라틴어로 왕족(royal)의 뜻을 가진 'regalis'에서 비롯된 레알(Real)을 1994년 7월부터 사용하여 왔다. 현재 브라질 중앙은행(Banco Central Do Brasil)이 발행하여 유통되고 있는 레알 은행권의 액면은 총 7권종〈1, 2, 5, 10, 20, 50, 100 Real〉이다.

이들 브라질 은행권의 앞면에는 공통적으로 인물이 아닌 브라질 공화국을 상징하는 조각상(Efigie da Republica)이 있고 뒷면에는 각각 검은 농어(100레알), 재규어(50레알), 사자타마린원숭이(20레알) 등과 같이 브라질에서 주로 서식하는 동물들의 모습이 들어 있다. 그런데 브라질 레알 은행권 앞면의 조각상은 브라질을 상징한다고 하지만 대체 누구를 모델로 한 것인지도 알려져 있지 않다.

1994년 7월 이전에는 현재의 레알이 화폐단위가 아니었으며 앞면에는 브라질이 자랑하는 역사적 인물이 들어 있었다. 브라질은 1970년대부터 너무나 심각한 인플레이션을 겪어 1994년 레알을 화폐단위로 사용하기까지 화폐단위의 변경과 동시에 화폐의 액면크기를 약 2조 7,500억분의 1로 대폭 낮추는 4차례의 화폐개혁을 실시해야만 했으며 이 과정에서 더 이상 새로운 은행권에 들어갈 역사적 인물을 찾기가 어려울 정도였다고 한다.

〈브라질 20레알 은행권의 앞면과 뒷면〉

〈브라질 50레알 은행권의 앞면과 뒷면〉

(칠레 페소)

반전의 예술

길고 높고 험한 안데스여,
구리 잔뜩 품어 풍요를 주되
과욕하지 않을 절제도 주오.

차디찬 빙하의 호수가
하늘과 바위 산 담아
아름다움 그득히 주되
범할 수 없는 거리도 주어
목숨 바쳐 그 땅을 사랑한 사람들과
어제 오늘도 칠레 페소화를 지키게 하소서.

세상의 끝에 서는 고난이
이 세상 가장 아름다운 장면을 보는 기쁨으로 되돌아오게 하고
단 하루 안에 열리는 사계의 혼돈이
시인의 가슴을 울려
세상의 끝에 서는 슬픔과 기쁨이
아름다운 시어로 피어나는
칠레 페소화의 예술 향기가 되게 하오.

BANCO CENTRAL DE CHILE
1000 PESOS
2019. 7. 13

칠레의 화폐 단위는 스페인어로 무게(weight)라는 뜻을 가진 페소(Peso)이다. 현재 칠레 중앙은행(Central Bank of Chile)이 발행하여 유통되고 있는 은행권의 액면은 총 6권종〈500, 1000, 2000, 5000, 10000, 20000 Peso〉이다.

과거 서유럽 국가의 식민 지배를 받던 여타 남아메리카 국가들의 은행권과 마찬가지로 앞면에는 칠레 독립을 위해 싸운 마누엘 로드리게스 에르도이사(Manuel Rodriguez Erodyza, 2000페소)와 같은 애국 영웅의 모습과 시 '슬픔' 등을 써 1945년 라틴아메리카 최초로 노벨 문학상을 수상한 칠레의 시인 가브리엘라 미스트랄(Gabriela Mistral, 5000페소)과 같은 시인들의 모습이 들어 있다. 또 은행권의 뒷면에는 지구상에서 가장 위험하면서도 가장 아름다운 안데스산맥의 나라로 알려진 칠레답게 세계 10대 절경의 하나로 손꼽히는 토레스 델 파이네(Torres Del Paine) 공원의 봉우리(1000페소), 라 캄파나(La Campana) 국립공원에 있는 야자나무와 마젤란 수리부엉이(5000페소) 등의 모습이 들어 있다. 이들 뒷면 소재들은 험준하고 척박하지만 아름다운 절경을 볼 수 있는 기쁨도 주는 칠레 안데스산맥의 반전을 자랑하고 있는 셈이다.

〈칠레 1000페소 은행권의 앞면과 뒷면〉

〈칠레 5000페소 은행권의 앞면〉

〈칠레 10000페소 은행권의 앞면과 뒷면〉

(콜롬비아 페소)

사랑 이야기

누군가 세상에 하나뿐인 사랑을 이야기하면
결국 사랑했던 그 사람이 떠났다는 슬픔이겠지요.
그래도 삶이 몹시 고단하고 힘들 때에는
세상에 하나뿐인 사랑 이야기를 들어요.
세상 모든 것이 아름다운 천국의 풍경일 테니까요.

그래도 삶이 너무 힘겨워
아름다운 장미를 보아도 설레지 않으면
콜롬비아 페소화의 세상 하나뿐인 슬픈 사랑 이야기를 들어요.
시를 잃어버린 슬픔에 세상을 떠난
콜롬비아 페소화의 시인을 찾아요.
지금 함께 있는 모든 것이
당신 행복의 전조가 될 테니까요.

COLOMBIA
CINCO MIL PESOS
COLOMBIA PESOS

콜롬비아의 화폐 단위도 칠레와 마찬가지로 페소(Peso)이다. 현재 콜롬비아 중앙은행(Central Bank of Colombia)이 발행하여 유통되고 있는 은행권의 액면은 총 7권종〈1000, 2000, 5000, 10000, 20000, 50000, 100000 Peso〉이다.

콜롬비아 중앙은행은 2016년 이후 전에 없던 100000 페소를 새롭게 발행하면서 기존 액면의 은행권도 세 자리수의 0을 빼는 대신 천을 뜻하는 'Mil'을 병기하여 은행권의 액면을 새롭게 표시하였다. 예를 들면 100000페소는 '100 Mil Pesos'로, 50000페소는 '50 Mil Pesos'로 은행권의 액면을 단순하게 나타내었다. 한편, 콜롬비아는 중남미에서 대표적인 다인종・다문화 사회를 이루고 있는 배경 탓인지 유독 슬픈 사랑이야기를 주제로 한 소설과 그 작가들의 명성이 높아 그들이 은행권 앞면 도안의 주인공이 되는 경우가 많다. 예를 들면 2016년 이후 새롭게 발행된 5만 페소 은행권에는 '백년 동안의 고독' 등의 소설로 1982년 노벨문학상을 수상한 가브리엘 가르시아 마르케스(Gabriel Garcia Marquez)의 초상이 들어 있는데 그는 '콜레라 시대의 사랑' 등을 비롯한 슬픈 사랑 이야기의 소설을 다수 집필하였다. 또 2016년 이전에 발행된 구 5만 페소 은행권에는 19세기 라틴아메리카 문학계에서 가장 유명한 작품으로 손꼽히는 소설 '마리아'의 작가 호르헤 이삭스(Jorge Isaacs)의 초상과 소설 속 주인공 마리아의 모습이 들어 있었다. 소설 마리아는 작가의 고향인 카우카를 배경으로 마리아와 그의 사촌인 에프라인의 비극적인 사랑을 다룬 자전적인 소설이었다. 이외에도 5000페소 은행권의 앞면에는 호세 아순시온 실바(Jose Asuncion Silva)의 초상이 있는데, 그는 기다림과 사랑 등을 주제로 새로운 시적 운율과 낭만적인 회고 형식으로 라틴아메리카 모더니즘 시에 큰 영향을 준 것으로 정평이 나 있다. 그는 한 때 배가 침몰되어 써놓은 작품의 원고를 잃어버리는 슬픔 등을 겪기도 하였으며 그의 나이 30세에 스스로 생을 마감한 것으로 전해진다.

〈콜롬비아 5천페소 은행권의 앞면과 뒷면〉

〈콜롬비아 구 5만페소 은행권의 앞면〉

〈콜롬비아 새 5만페소 은행권의 앞면〉

04

중동 · 아프리카의 화폐

(아랍에미레이트 디르함)

함께 바라보는 꿈

저 멀리에 있을까.
거친 모래에 덮혀
바람만이 애태우는 황무지 사막의 희망은
어디 있으려나.

함께 가는 벗과 나눌 먹거리와
함께 바라볼 희망의 바다가 간절한데.
가장 빠른 메기
먹거리와 앞으로 나아갈 바다의 향기를 물어 왔네.
한결같은 신에 대한 사랑이
아주 오래전 검은 진주의 존재도
몰랐을 적부터
그런 매와 동행하는 지혜를 주었지.

거친 사막에서
검은 진주가 없이도 살아갈 역사를 펼치는
아랍에미레이트 디르함화는
서로 마주 보거나 맞서기보다는
함께 바다를 바라보아야 할 이유로
함께 희망의 미래로 갈 벅찬 포부로
사람의 모습이 없다네.

매와 칼이 두려움 없애는 힘이 되고
꿈에 부푼 항구와 범선이 계속 나아갈 용기를 주며
상상의 도전이
푸른 농장과 곳곳 도시의 결실로 영글어가는 영화가
아랍에미레이트 디르함화의 여정이라네.

TEN DIRHAMS
TWENTY DIRHAMS
UNITED ARAB EMIRATES
DIRHAMS

아랍에미레이트의 화폐 단위는 그리스어로 은의 무게를 재는 중량의 단위에서 유래한 디르함(Dirham)이다. 아랍에미레이트 중앙은행(Central Bank of The U.A.E.)이 발행하여 현재 유통되고 있는 은행권의 액면은 총 8권종〈5, 10, 20, 50, 100, 200, 500, 1000 Dirham〉이다.

이들 디르함 은행권은 앞면과 뒷면 어디에도 인물 초상이 없는 것이 특징이다. 아랍에미레이트는 산림이나 농경지가 거의 없는 나라지만 전 세계 원유 매장량의 약 11%를 차지할 만큼 석유와 천연가스의 매장량이 풍부한 국가이다. 그러나 중동 국가로서 석유가 없이도 살 수 있는 경제력을 자랑하듯 총 인구 중 외국인 비율이 75%에 달할 정도라 한다. 이러한 사정으로 은행권의 도안은 특정 인물을 보여주기보다는 현재 그리고 앞으로도 석유에 크게 의존하지 않고도 거친 사막의 땅에서 멋진 현대화된 도시를 건설해가는 저력과 꿈의 모습이 담겨 있다. 예를 들면 20디르함 은행권의 앞면에는 사막의 땅에서 상상하기 어려운 두바이 골프 및 요트 클럽의 모습이 담겨 있으며 뒷면에는 전통 아랍 범선이 바다를 순항하는 모습이 들어 있다. 또 은행권의 각 뒷면 왼쪽에는 공통적으로 가장 빠른 새인 매의 모습이 담겨 있어 아랍권에서 매와 인간 사이의 높은 유대 관계를 보여주고 있다.

〈아랍에미레이트 10디르함 은행권의 앞면과 뒷면〉

〈아랍에미레이트 20디르함 은행권의 앞면과 뒷면〉

(이스라엘 뉴세켈)

시인의 세상

시인은
아무리 큰 슬픔을 마셔도
기쁨의 눈물을 흘려요.

시인은
가을 잎새지는 초라한 나무라도
사랑의 달빛 이야기를 속삭여요.

시인은
이스라엘 뉴세켈화의 주인공이 되어도
다시 혼자가 되는 세상에 서서
때론 꽃과 사슴의 벗이 되고
늘 동심으로 꿈 찾는 나그네입니다.

시인은
물결 같은 자연의 순리를 따르며
따뜻한 인간의 숨결에 감동하는
진리의 징검다리입니다.

이스라엘 뉴세켈화는
고독의 숙명을 떠안아
더불어 사는 길을 이끄는
시인의 세상입니다.

이스라엘의 화폐 단위는 뉴세켈(New Shekel)로 세켈(Shekel)은 히브리어로 '무게를 달다'라는 뜻에서 유래하였고 성경에 나올 만큼 역사상 가장 오래된 화폐 단위로 알려져 있다. 현재 이슬라엘 중앙은행(Bank of Israel)이 발행하여 유통되고 있는 은행권의 액면은 총 4권종 〈20, 50, 100, 200 New Shekel〉이다.

이스라엘 중앙은행은 2014년부터 뉴세켈 은행권의 세 번째 시리즈를 발행하여 왔는데, 이들 은행권의 앞면에는 모두 이스라엘이 현재 땅에서 재탄생하는 데 크게 영향을 미친 시인들의 모습이 들어 있다. 즉 나단 알터만(Nathan Alterman, 200뉴세켈), 레아 골드버그(Leah Goldberg, 100뉴세켈), 샤울 체르니초프스키(Shaul Tchernichovsky, 50뉴세켈), 라첼 블루스타인(Rachel Bluwstein, 20뉴세켈)과 같이 태생은 외국이지만 이스라엘로 건너와 히브리어로 시를 쓴 남녀 시인들이다. 또 뒷면에는 각 시인들의 대표적인 시 속에 등장하는 건축물과 자연풍경이 들어 있다. 예를 들어 50뉴세켈의 뒷면에 들어 있는 코린트 양식의 기둥은 시인 샤울 체르니초프스키의 'I believe'라는 시에서 영감을 얻은 것이며 20뉴세켈의 뒷면에 있는 갈릴리 호수의 모습은 시인 라첼 블루스타인의 시 '갈릴리 호수'를 조명한 것이다. 아울러 200뉴세켈의 뒷면에 있는 '달빛이 비치는 나무'의 모습은 나단 알터만의 시 'Morning Song'을 표현한 것이다.

〈이스라엘 20뉴세켈 은행권의 앞면과 뒷면〉

〈이스라엘 100뉴세켈 은행권의 앞면과 뒷면〉

〈이스라엘 200뉴세켈 은행권의 앞면과 뒷면〉

(모로코 디르함)

삶이 아름다운 이유

삶이 아름다운 이유는
스스로 맘대로 할 수 없는
슬픔 그리고 기쁨이 함께 있기 때문이지.

모로코가 아름다운 이유는
사하라의 열기와 모래가 가혹해도
붉은 노을빛 위로가 넘치고
희망을 찾는 낙타의 여정이
끊이지 않기 때문이지.

모로코 디르함 화폐가
사람들을 설레이게 하는 것은
오로지 왕의 모습 비추어도
바다의 꿈 밝히는 등대와
낙타가 이끄는 희망이
카사블랑카 번영의 역사를
숨쉬게 하기 때문이지.

100
DIRHAMS
2019.1.10
모로코 디르함

모로코의 화폐 단위는 여러 아랍지역에서 사용되고 있는 디르함(Dirham)으로 그리스어로 은의 무게를 재는 중량의 단위에서 비롯된 것으로 전해진다.

현재 모로코에서 유통되는 은행권은 총 5종〈10, 20, 50, 100, 200 Dirham〉이며 2013년에 현 국왕인 모하메드 6세의 초상으로 앞면의 도안 소재가 교체되었다. 또 은행권의 각 뒷면에는 스파르텔곶의 등대(200디르함), 낙타를 타고 가는 사람들의 모습(100디르함)과 더불어 아프리카 북서부에서 가장 큰 상공업의 중심도시인 카사블랑카의 번영을 엿볼 수 있는 모스크와 다리를 지나는 열차의 모습(20디르함) 등이 있다.

〈모로코 20디르함 은행권의 앞면과 뒷면〉

〈모로코 100디르함 은행권의 뒷면〉

(남아프리카공화국 랜드)

금빛 자유

황금과 푸른 바다의 터전이
정복자를 유혹했을까.

황금보다 소중한 자유의 꽃이
길고 모진 차별의 벽 속에 갇힌 역사의 기억이
남아프리카공화국 랜드화의 징표로 남았네.

때론 증오의 돌을 던지며 차별의 벽에 맞서지만
마침내 차별의 벽을 뚫고
자유의 꽃을 피운 것은
정복자 스스로 약자의 자유를 구속한 것을 부끄럽게 하는
황금빛 용서와 화해였다네.
넘어질 때마다 다시 일어서며
피었다 지고
차별의 벽을 뚫고 다시 피는
넝쿨 꽃과 같은 자유의 목마름이었네.

이제 랜드화 황금의 땅에
기나긴 고행의 끝을 축복하는
동물 전사들의 잔치가 열려
모두가 서로의 자유를 존중하는
진정한 자유의 지킴이로
거구의 코뿔소 코끼리 사자 물소 표범도 나섰다네.

남아프리카공화국의 화폐 단위는 남아프리카공화국에서 금이 풍부한 도시로 알려진 위트워터스랜드(Witwatersrand)에서 비롯된 랜드(Rand)이다. 현재 남아프리카공화국의 중앙은행인 남아프리카 준비은행(South African Reserve Bank)에서 발행하여 유통되고 있는 은행권의 액면은 총 5권종〈10, 20, 50, 100, 200 Rand〉이다.

이들 랜드 은행권의 앞면에는 공통적으로 죽음을 각오하고 인종차별과 싸워 결국 1991년 남아프리카 공화국의 인종차별을 종식시킨 넬슨 만델라의 초상이 들어 있다. 또 뒷면에는 과거 네덜란드 개척자의 모습을 대신하여 인종차별의 종식은 물론 과거에 대한 용서와 화해의 상징으로 코뿔소(10랜드), 코끼리(20랜드), 사자(50랜드), 물소(100랜드), 표범(200랜드)과 같이 몸집이 큰 다섯 동물의 모습이 담겨 있다.

〈남아프리카공화국 10랜드 은행권의 앞면과 뒷면〉

〈남아프리카공화국 200랜드 은행권의 앞면과 뒷면〉

05

현금화폐의 미래

돈의 앞날은

돈은 손에 넣고 푸는 욕망으로
모든 인생사의 기쁨 슬픔 엮고
길고 긴 세월 무수히
세상 여행을 해오다
끝 모를 무형의 터널로 떠나려 하네.

영혼의 존재는 있으되
실체가 사라져 갈 그 운명을
누가 제일 슬퍼할까나.

맘만으로는 애정이
모자랄까
더욱 애타게
주머니의 온기를 돈의 촉감에
담아야 행복한 사람들.

낯선 이국땅으로 나그네의 향수를
찾아야 생을 느끼는 사람들.

길지 않은 남은 생을 더욱 베풀고 비우려는 사람들.

그리고 그런 사람들을 위해
돈의 실체가 사라지기까지
그 아름다운 역사의 퇴장을 준비하는 사람들!

돈아! 돈아!
돌고 돌아야 잘 보이는 돈아!
이렇게 저렇게 슬퍼할 사람들 많을텐데
정말 어딜 사라지려 하나.

요즈음 온라인 상거래와 무인점포가 날로 확산되면서 머지않아 '현금 없는 사회'가 도래할 것이라고 속단하는 사람들도 적지 않다. 그러나 <현금 없는 사회>*의 저자 로스 클라크는 '현금 없는 사회는 축복인가, 재앙인가?'를 물으면서 현금 없는 사회가 몰고 올 폐해와 재앙을 우려한다. 만약 현금 없는 사회가 도래한다면 우리들이 겪을 수밖에 없는 다음과 같은 불편과 폐해를 생각하면서 앞으로도 계속 현금 화폐를 유지하고 발전시킬 수 있는 지혜를 구해야 되지 않을까.

- 첫째, 현금 없는 사회에서는 개인의 지출행위 등에 대한 세세한 정보가 노출됨으로써 개인의 정보와 자유가 침해된다.
- 둘째, 금융기관이 금융전산망 운영, 예금관리 등을 이유로 높은 금융거래 수수료 또는 마이너스 금리를 부과하더라도 개인 고객은 대응할 수단이 없다.
- 셋째, 유통 및 기술 혁신 등으로 물가가 지속적으로 낮아지는 디플레이션 시기에 마땅한 안전투자 수단을 잃게 된다.
- 넷째, 금융기관 이용이 어려운 아동, 노약자 등의 취약계층은 물론 우리나라를 찾는 외국인들의 소비 지출을 비롯한 경제행위가 크게 제약을 받거나 어렵게 된다.
- 다섯째, 스마트폰을 분실하거나 자연재해 또는 사고 등으로 금융전산망이 마비되는 경우에 사용할 수 있는 최후의 결제수단이 사라진다.

---

* 국내에서는 2019년 3월 15일 이정미의 옮김으로 시그마북스에서 출간되었다.

부록

무전(無錢)의 가을
그리고 인생의 동화 속으로

"돈을 신성시하지 말 것, 지나치게 사랑하지도 말고 혐오하지도 말 것, 이것이 지혜다. 돈은 우리 잘못으로 적이 되지 않는 한 친구로 남는다……. 돈이 다른 재화나 서비스를 향유하기 위한 수단이 아니라 그 자체로 관념적인 목표가 될 때 위험하다."

(파스칼 브뤼크네르 저, 「돈의 지혜」 중에서)

☞ 여기 아름다운 화폐에 관한 시와 글에 이어 독자들에게 주는 아주 특별한 선물이 있다. 돈으로 살 수 없는 소중한 삶의 가치를 돌아보는 희망을 담아 '무전(無錢)의 가을 그리고 인생의 동화 속으로'라는 부제로 돈과 관계없는 시들을 덧붙인다.

가을 섬마을 창가에서

낙엽이 가을 끝으로 가면
어설픈 젊은 시절의 추억은
먼 바다 외딴 섬마을 끝으로 가네.

떠나간 사람 앞에
다시 서지 않으리라는 맹세가
뭍 그리워 찾아온 파도 속에
소리 없이 부서지지만
그대 떠난 가을 섬마을에는
여지없이
겨울 이별로 가는 창이 있다네.

서로 다른 생을 굽는 사람을
아름답게 담대하게 바라보는
가을 동화가 흐르고
젊은 시절 추억도
내 것이 아닌
떠난 사람 행복을 비는 기도로
거듭 떠나보내는
성숙한 섬마을 가을 창가라네.

가을 이별가

늦가을 나무의 품에서
가장 곱고 화려하다
세상 끝 여행으로 가는 낙엽은
스스락 바스락 바스락 스스락
정처없는 인생의 자취를 훌훌 털어
바람 부는 거리마다
잊혀진 이별가를 울리네.
쓸쓸한 밤의 비바람이 더 더욱
이별을 재촉하는 노래는
오늘 이별 없이는 그리움 없고
오늘 이별 없이는 간절한 사랑도 없고
세상 다시 서는 기쁨도 없다 하네.
가장 아름다울 때 떠나는 이별이
내일 더 아름답고 푸근한 세상으로
가는 길이라 하네.

가을 화가의 꿈

기나 긴 여름이 언제였나.
두타*와 청옥 봉오리 사이
더없이 멋스런 화폭을 여는
곱디고운 가을빛은
여름내 한껏 연모의 정 키웠다가
바위 켠켠이 숨겨진 잎새마다
지척 바다도 부러워할
음양의 어울림으로
울긋불긋한 단풍 바람의 색감으로
무릉계곡을 펼치고 휘감아
여기 세상 가장 아름다운 것을
찾는 이에게
님 잃은 슬픔 촛대바위에 간직한 이에게
지지않을 사랑의 꿈 안겨주네.

* 강원도 삼척 소재의 두타산을 지칭한다.

가을 감의 성숙

한 올 햇볕도 소중해
뒷동산 가을 감은
살포시 가을 빛 사랑 안아
진한 분홍 색조의
성숙한 이별을 채비하네.

가장 아름다울 때
누굴 기다리는 설레임과 다르게
새로운 세상으로
홀로 떠나는 사람들을 위해
더 이상 아름다울 수 없어
더 이상 아름다울 수 없어
가을 햇빛 사랑 품속에서
스러지는 아름다운 이별을 위해
가장 예쁜 모습으로
감이 익어가네.

노오란 공* 연가

봄 노오란 개나리빛 인연은
내 품 안에서 정중히 맞아야
내 뜻대로 보낼 수 있는
작고 노오란 공의 신비를
일깨우는 운명의 시작이었네.

청춘의 방황과 꿈 모두를
노오란 작은 공의 춤에 담았던
님들의 정열은 스승의 사랑이 되고
어느새 생의 반환점에서도
노오란 공의 애환과 기쁨을
나누려는 이들의 설렘이 되었네.

스승의 강한 질책과
다독거림의 이야기는 넘치고 넘쳐
잊지 못할 추억의 메아리를 키우고
관악산 품안 여기 저기
여름 땀과 가을 낭만 그리고 재회를 꿈꾸는 겨울의 초입까지
강한 생의 의지와 미래를 결합하는
노오란 공의 신비를 가꾸었네.

---

* 노오란 공은 테니스 공을 지칭하는 것으로 저자가 국가공무원 인재개발원 제26기 고위정책과정 연수 중에 비교적 오래 해왔던 테니스를 새롭게 배우면서 깨달은 지혜를 시로 표현한 것이다.

"거리가 먼 노오란 공의 꿈을
안고 싶다면 잰걸음으로 늘 움직여 대비하라"

여행을 가듯

정겨운 집 앞 시장 골목으로
여행을 가요.

낯선 이국 땅 골목을 걷는 듯
다시는 돌아올 수 없는 시간
지금 아니면 볼 수 없는 절박함으로
한 걸음 한 걸음 다가가
시장의 향기를 품어요.

빠알간 떡볶이도
얼큰한 국물에 잠긴 어묵도
이방인을 끄는 이국적 향기가 되듯
집 앞 시장 골목의 풍경은
당신의 부풀은 품 안에서
낭만이 잔잔한 외국의 거리가 될 거예요.

인생은 끝 모를 여행지를 따라 떠도는 것이 아니라
시간이 다 흐르기 전에
내가 살아가는 자취를
친숙한 곳에서 낯선 곳까지
한 걸음 한 걸음 옮기는
알뜰한 시간 여행입니다.

2019. 6.9
Sungock A.

그때 그 님은*

그 시절 그 님은
겨울을 준비하는
스쳐 지나는 가을밤의
사랑도 알고
평범한 일상이 주는 행복이
가을 들녘 햇빛만큼이나
감미로운 줄 알았지만
그 시절 곱던 그 님은
'임을 위한 행진곡'을
목놓아 부르며
민주를 안고 보듬으며
불의에 맞섰다네.

누가 역사의 시작과 결말을 알까요.
그때 그 님은
임을 위한 행진곡을 부르는 열정이
세상을 바꿀 거라 했네.
세상이 보여줄 수 있는 아름다움을
모두 모두 모아 놓은

---

* 광주문화재단이 2018년 10월 10일 서울 예술의전당에서 주최한 'Symphony for our Beloved (님을 위한 심포니)' 오케스트라 연주회에서 클래식으로 각색한 '님을 위한 행진곡'을 감상하며 쓴 것이다.

가을 햇빛 물든 단풍도 잊은 채
사랑도 명예도 이름도 남김없이
민주를 위한 행진에 나섰다네.

그때의 님이시여!
오늘 이 땅에서는
그 시절 님의 노래가
승리의 역사가 치솟는
웅장한 교향곡으로
때론 님을 그리는 가녀린 바람소리로
울려 퍼지고 있네요.
사랑했습니다.
고맙습니다.

그날* 당신의 눈물

얼마나 함께 한 때가 행복해야
그 시간이 끝나는 날
벅찬 눈물에 목메여
정의 흐느낌으로
이별이 끝이 아님을 외쳤던가요.

얼마나 우리들 가슴에 깊은 정
새겨야
서로 홀로 가는 길 떠나는 날에
가슴 깊숙히 눈물 차올라
목메인 당신만큼 우리도 울고 있었음을 고백할까요.

얼마나 세상을 순수하고 멋드러지게 살아야
걸쭉한 막걸리 사발 앞에
젓가락 장단이 절로 솟는
애절한 유행가를 흐드러지게 부를 수 있을까요.

---

* 2018년 12월 12일 국가공무원 인재개발원이 주관하는 1년간의 제26기 고위정책과정 연수과정이 끝나고 수료식이 열리던 날, 교육생을 대표하여 연수 수료소감을 발표하던 문화체육부의 김진곤 당시 자치회 회장이 석별의 정을 아쉬워하며 감동의 눈물을 흘리던 장면의 그날이다.

이제
그날 당신이 흘린 눈물을
우리가 가꾸어 가야 할
사랑과 우정의 징표로서
영원히 소중히 간직하겠습니다.

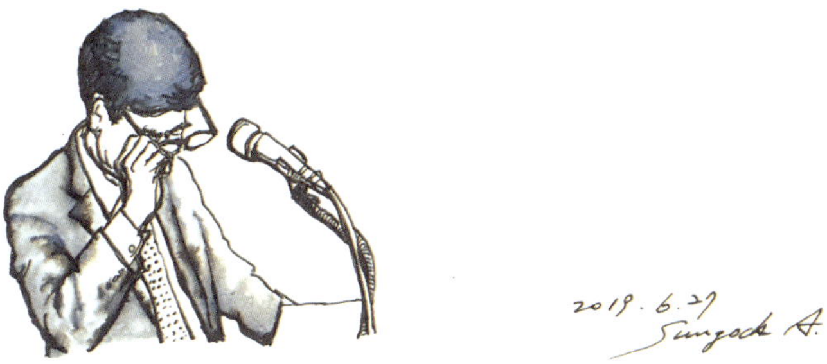

겨울 반달의 속삭임

별 없는 겨울밤을
반달이 얼굴 내밀며
반만 감춘 것은
가슴 저리게 그리운 우리들 추억.

반만 감추어야
살갑게 지내온 정 더 오래가려나.

밝게 드러난 반쪽이 속삭이네.
"늘 마음이 가난한 채로
그리운 사람과 추억을 힘으로
새로운 삶의 길
온전히 가시게."

2019. 6. 27

달의 목소리*

어둠에 홀로 선 달의 목소리는
세상이 불러 불러
자연스럽게 어둠을 밝히는 것뿐이라는 고백이라네.

봄빛 은은한 수양버들을 비추는
순정을 어찌 모를까.
어둡고 찬 강을 건너
사랑과 정의를 지키던 분에게
어둠에 홀로 선 달은
유독 밝음을 속삭이었고
별빛을 꿈으로 전해주었네.

어둠 속에 홀로 선 달의 목소리는
내 살아선 누리지 못할 바른 세상이
어둠에 갇혀 있어도
그 길고 긴 어둠을 한 올 한 올 벗겨야
새벽이 온다는 외침이었네.

---

* 이 글은 상해 임시정부의 살림살이를 맡아 독립운동에 헌신한 정정화 선생님의 이야기를 연극화한 <달의 목소리>를 보고 적은 시이다.

딸의 목소리
장강일기

평온을 여는 소리*

홀로 찾는 깊은 산속 어귀에
산토끼도 모를 고요한 바람은
대나무 숲을 흘러 흘러
더 맑은 소리 찾는 선비의 눈과
세속의 혼잡한 영혼을 씻기어
저 멀리도 날아 울려 갈
세상을 비우는 대금의 가락을 띄우네.

시름이 큰 세상에는
깊은 음폭의 애절하고 잔잔한 가락을 보내고
웃음 많은 세상에는 흥이 절로 날 경쾌한 가락을 띄우어
그렇게 세상과 자신을 비우자 하네.

“늘 속을 비우는 대나무의 겸손을
마음 속으로 불러야
세상의 평온을 여는 맑은 소리가
그득히 솟아난다네.”

---

* 이 글은 우리나라 대금 산조의 명인으로 손꼽히는 원장현 선생님의 대금 연주를 듣고 적은 것이다.

2019. 7. 7
Sungeok A.

우리들의 자리

볏짚을 엮어
돗자리 방석을 야무지게 만들던 장돌뱅이 할아범은
자리가 사람을 만든다고 하고는
자신은 새 볏짚으로 만든 좋은 자리를 마다합니다.

좋고 편안한 자리를
손수 만들 수 있어도
그 자리는 자신의 품위에 맞지 않는답니다.

그 때의 할아범을 기억하면
내 그릇과 지식의 품을 넘는 과분한 자리는
스스로 피할 수 있을 것입니다.
그런 자리는
스스로의 바른 꿈을 가꿀 수 없을 뿐만 아니라
다른 사람의 절망도 가져올 수 있기 때문입니다.

내 그릇에 맞는 자리는
자신의 꿈을 가꿀 수 있고
자신을 바라보는 이에게
희망을 주는 자리입니다.

할아범이 그때 그 자리를 마다하는 맘으로
우리들의 마땅한 자리를 찾아야 하겠습니다.

〈참고〉 주요국의 화폐액면 체계

국가		화폐단위[1)]	은행권		주화	
			액면수	액면구성	액면수	액면구성
유럽	유로지역	유로 (센트)	7	(유로) 5, 10, 20, 50, 100, 200, 500	6	(센트) 1, 2, 5, 10, 20, 50
	영국	파운드 (페니, 펜스)	4	(파운드) 5, 10, 20, 50	8	(펜스) 2, 5, 10, 20, 50 (페니) 1 (파운드) 1, 2
	노르웨이	크로네	5	50, 100, 200, 500, 1000	4	1, 5, 10, 20
	스웨덴	크로나	6	20, 50, 100, 200, 500, 1000	3	1, 5, 10
	덴마크	크로네 (외레)	5	(크로네) 50, 100, 200, 500, 1000	6	(외레) 50 (크로네) 1, 2, 5, 10, 20
	아이슬란드	크로나	5	500, 1000, 2000, 5000, 10000	5	1, 5, 10, 50, 100
	스위스	프랑 (라펜)	6	(프랑) 10, 20, 50, 100, 200, 1000	6	(라펜) 5, 10, 20 (프랑) 1, 2, 5
	러시아	루블 (코펙)	8	(루블) 10, 50, 100, 200, 500, 1000, 2000, 5000	8	(코펙) 1, 5, 10, 50 (루블) 1, 2, 5, 10
	폴란드	즐로티 (글로쉬)	6	(즐로티) 10, 20, 50, 100, 200, 500	9	(글로쉬) 1, 2, 5, 10, 20, 50 (즐로티) 1, 2, 5
	헝가리	포린트	6	500, 1000, 2000, 5000, 10000, 20000	6	5, 10, 20, 50, 100, 200
	체코	코루나 (코룬)	6	(코루나) 100, 200, 500, 1000, 2000, 5000	6	(코룬) 2, 5, 10, 20, 50 (코루나) 1

국가		화폐단위[1]	은행권		주화	
			액면수	액면구성	액면수	액면구성
아시아·태평양	대한민국	원	4	1000, 5000, 10000, 50000	6	1, 5, 10, 50, 100, 500
	일본	엔	4	1000, 2000, 5000, 10000	6	1, 5, 10, 50, 100, 500
	중국	위안 (지아오, 펜)	6	(위안) 1, 5, 10, 20, 50, 100	6	(펜) 1, 2, 5 (지아오) 1, 5 (위안) 1
	대만	달러 (위안)	5	(달러) 100, 200, 500, 1000, 2000	5	(위안) 1, 5, 10, 20, 50
	말레이시아	링깃(센)	6	(링깃) 1, 5, 10, 20, 50, 100	4	(센) 5, 10, 20, 50
	태국	바트 (사땅)	5	(바트) 20, 50, 100, 500, 1000	9	(사땅) 1, 5, 10, 25, 50 (바트) 1, 2, 5, 10
	인도네시아	루피아	7	1000, 2000, 5000, 10000, 20000, 50000, 100000	5	50, 100, 200, 500, 1000
	인도	루피 (파이사)	8	(루피) 5, 10, 20, 50, 100, 200, 500, 2000	5	(파이사) 50 (루피) 1, 2, 5, 10
	베트남	동	6	10000, 20000, 50000, 100000, 200000, 500000	5	200, 500, 1000, 2000, 5000
	호주	달러 (센트)	5	(달러) 5, 10, 20, 50, 100	6	(센트) 5, 10, 20, 50 (달러) 1, 2
	뉴질랜드	달러 (센트)	5	(달러) 5, 10, 20, 50, 100	5	(센트) 10, 20, 50 (달러) 1, 2

국가		화폐단위[1]	은행권		주화	
			액면수	액면구성	액면수	액면구성
아메리카	미국	달러 (센트)	7	(달러) 1, 2, 5, 10, 20, 50, 100	6	(센트) 1, 5, 10, 25, 50 (달러) 1
	캐나다	달러 (센트)	5	(달러) 5, 10, 20, 50, 100	6	(센트) 5, 10, 25, 50 (달러) 1, 2
	멕시코	페소 (센타보)	6	(페소) 20, 50, 100, 200, 500, 1000	8	(센타보) 10, 20, 50 (페소) 1, 2, 5, 10, 20
	브라질	레알 (센타보)	7	(레알) 1, 2, 5, 10, 20, 50, 100	5	(센타보) 5, 10, 25, 50 (레알) 1
	칠레	페소	6	500, 1000, 2000, 5000, 10000, 20000	6	1, 5, 10, 50, 100, 500
	콜롬비아	페소	7	1000, 2000, 5000, 10000, 20000, 50000, 100000	5	50, 100, 200, 500, 1000
중동·아프리카	아랍에미레이트	디르함 (필스)	8	(디르함) 5, 10, 20, 50, 100, 200, 500, 1000	5	(필스) 5, 10, 25, 50 (디르함) 1
	이스라엘	뉴세켈 (아고라)	4	(뉴세켈) 20, 50, 100, 200	5	(아고라) 10 (뉴세켈) 1, 2, 5, 10
	모로코	디르함 (센트)	5	(디르함) 10, 20, 50, 100, 200	5	(센트) 10, 20 (디르함) 1, 5, 10
	남아프리카공화국	랜드 (센트)	5	(랜드) 10, 20, 50, 100, 200	6	(센트) 10, 20, 50 (랜드) 1, 2, 5

주: 1) ( ) 내는 보조단위

예술은 있는 세계를 그려내는 것이 아니라 새로운 세계를 만들어 내는 것이다. 나만의 세계를 만들어 내었을 때 소위 일가(一家)를 이루었다고 한다. 일가를 이루기 위해서는 천재성과 독창성에 더하여 거룩한 고집까지 있어야 한다. 예술이 우리에게 희열과 감동을 주는 것은 남이 이루어낸 또 다른 세계를 엿볼 수 있기 때문일 것이다. 어쩌면 우리의 삶 또한 같은 하늘 아래서 자신만의 세계를 구축해나가고자 하는 몸부림이라 하겠다.

화폐(錢)를 주제로 시의 세계에서 또 하나의 일가를 이룬 이정욱은 천재성과 독창성, 그리고 거룩한 고집까지 갖춘 나의 자랑스런 친구이다. 이정욱의 시를 통해 '인간의 욕망을 대변하는 화폐가 시의 세계에서도 멋진 구실을 할 수 있구나' 하는 놀라움을 갖게 된다. 이정욱의 시로 거듭난 돈의 세상에는 인간의 욕망으로 빚어지는 역사와 문화와 삶이 들어 있다. 그리하여 시를 읽는 것이 마치 돈을 타고 새로운 세상을 여행하는 듯하다. 새로운 세상이 궁금하거나 나만의 삶을 갈구하는 분들에게 이 여행에의 동참을 권한다.

— 문화체육관광부 대변인 김진곤 —

'쩐의 전쟁' 속에 살고 있는 지금, 인류가 사용해온 통화(通貨)인 '화폐'가 각 대륙과 국가별로 어떤 유래와 특징을 갖고 발전해 왔는지 알아보는 것은 세계 역사와 국제경제의 흐름을 읽는데 큰 힘이 될 수 있을 것입니다. 한국은행에서 평생을 몸담고 있는 저자의 실용적 지식과 활달한 필체로 써낸 본서를 통해 다양한 화폐의 발자취를 살펴보면, 자연스레 세계 역사와 국가경제의 미래도 가늠해 볼 수 있는 혜안을 얻게 될 것입니다. 경제분야의 '참 리더'가 되고자 하는 모든 분들께 필독을 권해 드립니다.

— 국방부 계획예산관 이영빈 —

'Money Talks(돈이면 다 된다)' 시인 이정욱은 여기에 한술 더 뜬다. 화폐제국의 숨결에서 '돈'으로 '시'까지도 빚어내는 재주를 부렸다. 참으로 흥미진진한 책이다. 각국 화폐의 이면에 숨어있는 인물과 역사 얘기들이 펼쳐지는 필독서이다.

— 산업통상자원부 투자정책관 정대진 —

물질만능 시대의 대표격인 화폐와 인간 감성의 상징인 시의 절묘한 조합! 화폐에 대한 시의 이야기는 끝없는 욕심으로 얼룩진 메마른 뇌를 시적 감성 소나기로 정화시키고자 하는 실험정신입니다. 촉촉한 감성으로 세상을 아름답게 바라보고자 하는 작가의 노력에 아낌없는 찬사를 보냅니다.

— 한국수자원공사 기술지원처장 정영래 —

화폐에 흐르고 있는 동맥과 정맥 그리고 그 가느다란 모세혈관까지 섬세히 관찰하여 새로운 생명을 불어넣음으로써 우리의 삶을 더 풍요롭고 깊게 만든 이코노미스트이자 시인인 벗의 역작에 경의를 표합니다.

— 외교부 의전기획관 배병수 —

'화폐와 시', 이질적인 것처럼 보이는 것들을 시적 감수성으로 풀어내어 아름다움을 표현할 수 있는 이정욱 시인에게 찬사를 보냅니다.

화폐는 딱딱하고 지루할 것이라는 편견을 깨버림과 동시에 돈에 메마른 요즘 사람들의 감성을 촉촉하게 적셔주는 단비와도 같은 시집, 무더운 여름이 지나가고 낙엽소리가 들리는 계절에 즈음하여 꼭 한번 읽어보시길 추천드립니다.

— 한국감정원 경기동부지사장 이희원 —

우리를 웃게도 하고 울게도 하고, 때론 화나게 하고, 슬프게도 하는 돈에 담긴 감성을 냉철한 지성과 풍부한 감정으로 한껏 풀어낸 감동의 낱말들…. 이것이 바로 이코노미스트 이정욱 시인의 끝없는 상상력인을 우리는 다시 한번 느낄 수 있다.

— 과학기술정보통신부 대변인 유국희 —

저자 **이정욱**

본서의 시와 글을 쓴 이정욱은 고려대학교 정경대학 경제학과를 졸업하고 1992년에 한국은행에 들어갔다. 한국은행에서는 주로 조사국과 국제국에서 근무하면서 통화금융은 물론 국내외 경제 분석 등에 전념하여 왔으며 미국 해외학술연수 과정과 다수의 우수한 연구실적 등을 바탕으로 국제금융론을 전공한 경제학 박사가 되었다. 일찍이 한국은행 발권국 근무시절에는 화폐 전문가로서 두각을 나타내어 2002년 「돈을 다루는 사람의 돈 이야기」<열린책들>를 출간하여 세간의 주목을 받기도 하였다. 또한 2018년 한은 국장급(1급)으로 국가공무원 인재개발원에서 주관하는 고위정책과정 연수에 파견되어 국무총리상과 국가공무원 인재개발원장이 수여하는 공로상을 동시에 수상하는 영예를 안은 바 있으며 이 시절의 추억을 담아 「봄 만남, 겨울 이별의 시와 사색」<시대가치>이라는 시집을 내놓은 바 있다. 현재는 한국은행에서 우리나라 화폐의 발행 및 유통을 비롯한 화폐 순환의 전 과정을 총괄하는 발권국장으로 재직하고 있으며 현직을 맡기까지는 워싱턴주재원(차장), 조사국 산업분석팀장, 동향분석팀장, 국제국 자본이동분석팀장, 국제금융부장, 부국장을 역임한 바 있다.

화가 **안성옥**

본서의 삽화를 그린 안성옥 작가는 홍익대학교 미술대학원에서 회화를 전공하여 개인전 9회, 단체전 100여회를 가졌으며 홍콩, 인도, 중국, 뉴욕, 이탈리아, 광주 등의 국내외 아트페어에 적극 참여하여 왔다. 결혼 후 직장생활을 그만두고 비교적 늦게 시작한 화가의 길이지만 남다른 재능과 노력으로 대한민국 미술대전 입선 2회, 대한민국 국제문화예술제 한국미협 최우수상 등을 수상한 바 있다. 현재는 한국미협, 전업미술가협회 회원과 아트메트로 총무로 활동하면서 서울시50+센터강사, 홈플러스문화센터강사 등을 맡고 있다.

화폐 제국의 숨결

초판인쇄 | 2019년 9월 20일
초판발행 | 2019년 9월 25일

지 은 이 | 이정욱
펴 낸 이 | 김광범
펴 낸 곳 | 도서출판 시대가치
출판등록 | 2017년 3월 23일 제2018-000088호
주 소 | 서울특별시 마포구 토정로 222, 422-1호(한국출판콘텐츠센터)
전 화 | 02)3152-2620 / 팩스 02)6442-2621

ISBN 979-11-89607-22-7 03800

* 이 도서의 국립중앙도서관 출판예정도서목록(CIP)은 서지정보유통지원시스템 홈페이지(http://seoji.nl.go.kr)와 국가자료종합목록 구축시스템(http://kolis-net.nl.go.kr)에서 이용하실 수 있습니다. (CIP제어번호 : CIP2019036003)

가격 15,000원